lonely

DUBLIN

EN QUELQUES JOURS

FIONN DAVENPORT

Sommaire

Préparer son séjour 4

Herbert Park (p. 139)

Explorer Dublin 33

Vaut le détour

Avertissement

Au moment où nous terminions l'édition de ce guide, la pandémie de Covid-19 impactait fortement le monde du voyage. Les informations que vous trouverez dans cet ouvrage sont donc susceptibles de changements. Renseignez-vous bien avant votre départ car la situation aura probablement évolué quand vous préparerez votre voyage.

Carnet pratique 145

Coups de projecteur

Bienvenue à Dublin

Dublin est l'une des plus authentiques capitales d'Europe – un rêve bruineux qui marque l'imaginaire de quiconque arpente ses rues animées. Ville riche en histoire, forte d'une vraie identité culturelle, elle est bien en phase avec son temps. Il suffit de quelques jours (et nuits !) sur place pour constater qu'il y a une chose avec laquelle les Dublinois ne plaisantent pas : la fête !

Pubs dans Temple Bar (p. 75)
(p. 75)
GETTY IMAGES

Les incontournables

National Museum of Ireland – Archaeology

Le gardien des principaux trésors archéologiques irlandais. **p. 60**

VANDERWOLF IMAGES / SHUTTERSTOCK ©

Guinness Storehouse

Le lieu de fabrication de la célèbre bière. **p. 92**

GIMAS / SHUTTERSTOCK ©

Trinity College

La plus belle et la plus prestigieuse université du pays. **p. 36**

SAKHANPHOTOGRAPHY / SHUTTERSTOCK ©

St Patrick's Cathedral

L'église la plus importante de Dublin. **p. 94**

Kilmainham Gaol

Une ancienne prison à l'histoire tourmentée. **p. 96**

Dublin Castle

L'ancien bastion du pouvoir britannique. **p. 40**

Chester Beatty Library

Une magnifique collection de livres et d'objets anciens. **p. 42**

Dublin City Gallery – The Hugh Lane

Art moderne et contemporain. **p. 112**

Christ Church Cathedral

Un édifice emblématique de la capitale. **p. 76**

National Gallery

Des collections d'art du Moyen Âge à nos jours. **p. 62**

À GAUCHE : DONAL MURPHY PHOTOGRAPHY / ALAMY STOCK PHOTO © ;
À DROITE : DAVID SOANES PHOTOGRAPHY / GETTY IMAGES

SALVADOR MANIQUIZ / SHUTTERSTOCK ©

Se restaurer

Le choix de restaurants n'a jamais été aussi vaste à Dublin. Toutes les cuisines et toutes les tendances sont représentées, des donuts les plus fous au chou kale accommodé à toutes les sauces. La ville prend très à cœur la satisfaction des palais les plus exigeants.

EQROY / SHUTTERSTOCK ©

Réserver sa table

Les réservations sont nécessaires du jeudi au samedi dans la plupart des restaurants du centre-ville, et toute la semaine pour les adresses en vogue. La majorité des établissements font plusieurs services : si vous avez réservé une table pour 19h, attendez-vous à devoir la libérer pour 21h. Le système des réservations tend à disparaître en faveur de la liste d'attente : vous laissez votre numéro de téléphone et, en attendant que l'on vous appelle, vous prenez un verre dans le pub voisin.

Les repas

Petit-déjeuner

Généralement pris avant 9h. Dans les hôtels et les B&B, il est servi jusqu'à 11h du lundi au vendredi et jusqu'à midi le week-end. Nombre de cafés servent le petit-déjeuner toute la journée.

Déjeuner Le plus souvent, un sandwich ou un repas léger entre 12h30 et 14h. Le week-end, les Dublinois font un gros repas (le *dinner*) entre 14h et 16h.

Tea Il s'agit ici non pas de la boisson mais du dîner (aussi appelé *dinner*, ce qui peut prêter à confusion), le repas principal de la journée, pris vers 18h30.

Cuisine irlandaise moderne

Chapter One Personne ne savait que la cuisine irlandaise pouvait être aussi bonne ! (p. 122)

Clanbrassil House Bistrot intimiste prisé des fins gourmets. (p. 105)

Legal Eagle Meilleur rôti du dimanche de Dublin. (p. 120)

Winding Stair Des spécialités irlandaises repensées de façon élégante. (p. 122)

OLIVIER CIRENDINI / LONELY PLANET ©

Dîner formel

Chapter One Cuisine délicieuse et atmosphère décontractée. (p. 122)

Restaurant Patrick Guilbaud L'un des meilleurs restaurants du pays. (photo ci-dessus ; p. 71)

Mr Fox Revisite admirablement les spécialités irlandaises, dans un somptueux cadre géorgien. (p. 122)

Dîner décontracté

The Fumbally Une salle vaste comme un entrepôt, des sandwichs copieux et du bon café. (p. 104)

Coke Lane Pizza Formule pizza et pinte à un prix dérisoire. (p. 104)

Assassination Custard Assiettes créatives dans un tout petit café. (p. 104)

Oxmantown Excellents sandwichs et petits-déjeuners. (p. 120)

Restaurants de catégorie moyenne

Pi Pizza Sans doute les meilleures pizzas de la ville. (p. 50)

Clanbrassil House Pour un dîner en famille dans un restaurant de quartier chic. (p. 105)

Banyi Japanese Dining Le meilleur japonais de la ville. (p. 84)

Fish Shop Un restaurant minuscule mais des fruits de mer d'une grande fraîcheur. (p. 121)

Pour le thé

Merrion Petits fours succulents aux accents artistiques. (p. 65)

Shelbourne Pour une expérience hors du temps. (photo page de gauche ; p. 65)

Westbury Hotel Pour un thé avec vue sur Grafton St. (☎01-646 3328 ; www.doylecollection.com ; Grafton St)

Dublin dans l'assiette

L'Irish Fry

À l'heure où règnent les jus détox et les pancakes sans gluten, l'assiette du petit-déjeuner irlandais – l'*Irish Fry*, ou tout simplement le "*fry*" – est un savoureux condensé de tradition culinaire.

Saucisses Au porc, elles sont l'ingrédient essentiel du petit-déjeuner.

Toast Pain blanc ou pain complet, impossible de manger un *fry* sans un toast beurré.

Œuf Un œuf sur le plat le plus souvent, mais il peut être servi poché ou brouillé selon votre goût.

Tranches de bacon Pour les Irlandais, ce sont des *rashers*.

★ Le top des adresses

Sophie's @ the Dean (p. 51).
Dans ce restaurant situé au dernier étage, vous dégusterez un petit-déjeuner raffiné en admirant de superbes panoramas sur la ville.

Oxmantown (p. 120).
Excellents sandwichs et petits-déjeuners ; un des meilleurs endroits pour se restaurer en journée au nord de la Liffey.

Farmer Brown's (p. 140).
Une décoration rustique chic et une cuisine qui fait l'unanimité : sans doute le meilleur brunch de Dublin.

Queen of Tarts (p. 84).
Ce café-pâtisserie régale les Dublinois d'excellents *Irish breakfasts* mais également de délicieux gâteaux et tartes à accompagner d'une tasse de thé, à déguster tout au long de la journée.

Le Classic Fry

Tous les hôtels proposent l'*Irish fry*. Seules les bonnes adresses (et presque tous les B&B) le servent à l'assiette. Ailleurs, on vous le proposera sous forme de buffet, expérience moins appétissante et parfois moins digeste.

Oxmantown (p. 120)

Prendre un verre et faire la fête

Une chose est sûre, les Dublinois aiment boire un verre. Qu'il pleuve ou qu'il vente, les pubs de la ville ne sont jamais à court de clients, et si votre visite est en partie motivée par la découverte de tous les pubs et bars légendaires de Dublin, vous ne serez pas déçu.

Le pub – ou tout lieu où se réunir pour prendre un verre et bavarder – est ici au cœur de la vie sociale. Il y en a pour tous les goûts. Mais les repaires traditionnels des anciens Dublinois se font rares. La plupart des habitants peuvent choisir aujourd'hui leur adresse préférée parmi nombre de bars branchés.
Mais ne désespérez pas. Ce n'est pas l'apparence qui fait un bon pub à Dublin, mais les clients eux-mêmes. La réputation de Dublin comme capitale mondiale du pub reste méritée.

C'est mon tour !

Le système de tournées – qui consiste à payer un verre à la personne qui vous en a offert un – est le fondement de la culture du pub en Irlande, qu'un proverbe irlandais résume très simplement : "Il est impossible que deux hommes aillent au pub pour un verre." Assurez-vous de respecter cette loi. Les Irlandais sont extrêmement généreux et s'il y a une chose qu'ils supportent mal, c'est bien l'avarice. Alors jouez le jeu !

La tradition

John Mulligan's Le pub traditionnel par excellence. (p. 135)

Long Hall Élégamment désuet. (p. 52)

The Stag's Head Apprécié des journalistes et des étudiants. (photo p. 53)

Old Royal Oak Un bar à l'ancienne. (p. 105)

Musique live

O'Donoghue's Le QG de la musique folk. (p. 71)

Devitt's Musique traditionnelle presque tous les soirs. (p. 55)

Cobblestone La meilleure musique live en ville. (p. 122)

Auld Dubliner Des concerts traditionnels pour les visiteurs. (p. 86)

DOMINIONART / SHUTTERSTOCK ©

Bars modernes

9 Below Bar luxueux pour un cocktail exquis. (p. 52)

Fourth Corner Adresse branchée aux confins des Liberties. (p. 105)

Lucky Duck Ambiance moderne dans un bel édifice ancien. (theluckyduck.ie ; 43 Aungier St)

Drop Dead Twice Animé et chaleureux, avec un bar à cocktails où l'on apporte sa propre bouteille. (p. 105)

Whelan's C'est le lieu tout indiqué pour se défouler sur du rock indé le jeudi. (p. 54)

Bars d'initiés

Fallon's Bar emblématique des Liberties. (p. 107)

Old Royal Oak La tradition depuis 1845 à Kilmainham. (p. 105)

John Kavanagh's Un secret bien mal gardé, tenu par la même famille depuis six générations. (p. 123)

Clubs

Grand Social Bœuf de jazz ouvert à tous et gratuit le lundi. (thegrandsocial.ie ; 35 Lower Liffey St)

Workman's Club Musique indé, house et disco dans différentes salles le vendredi. (p. 87)

Bon à savoir

Heures d'ouverture

Les dernières commandes sont en principe prises à 23h30 du lundi au jeudi, à 0h30 les vendredis et samedis, et à 23h le dimanche, soit 30 minutes avant la fermeture. De nombreux pubs du centre servent jusqu'à 1h30, voire 2h30 (généralement ceux qui font aussi boîte de nuit).

Pourboire

On ne donne généralement pas de pourboire dans les bars, mais si on vous sert à table, il est de bon ton de laisser la monnaie au serveur.

Dublin en une pinte

L'emblématique Guinness

Servir une pinte de Guinness est une chose sérieuse, et tient d'un rituel qui s'exécute en plusieurs étapes que tout serveur dublinois se doit de maîtriser pour obtenir la pinte parfaite.

★ Pintes d'exception

Kehoe's (p. 51). Magnifique bar de l'époque victorienne, exemple même d'un pub traditionnel dublinois.

The Stag's Head (p. 53). Construit en 1770, rénové en 1895, ce pub n'a pas changé depuis. Il est si authentique qu'il apparaît souvent dans des films.

John Mulligan's (p. 135). Ce superbe pub est une institution culturelle depuis son ouverture en 1782 et son installation à cette adresse en 1854.

Walshs (p. 123). Boire une pinte chez Walshs est l'expérience la plus authentique que vous ferez dans la ville.

Grogan's Castle Lounge (p. 51). Institution du centre-ville, ce pub est le préféré des écrivains, des peintres et autres acteurs de la scène alternative.

Histoire de la Guinness

La plus célèbre bière du monde est une bière avec à la belle robe noire, une ale bien houblonnée prisée des porteurs de Londres au XVIIIe siècle. Décelant la popularité du breuvage, Arthur Guinness décida d'élaborer sa propre version en 1778, dans la brasserie qu'il avait établie deux décennies plus tôt sur les rives de la Liffey.

Grogan's Castle Lounge (p. 51)

Shopping

ARNDALE / SHUTTERSTOCK ©

Si quelque chose est fabriqué en Irlande – et où que ce soit ailleurs, à vrai dire – vous le trouverez à coup sûr à Dublin. De nombreuses enseignes, principalement britanniques, ont pignon sur rue à Grafton St, et les rues pavées alentour recèlent d'intéressantes boutiques de créateurs irlandais. Sur la rive nord, la rue piétonne de Henry St accueille une grande diversité de chaînes internationales, ainsi que le célèbre grand magasin Arnott's.

Produits typiques

Les produits irlandais traditionnels comme le cristal et les lainages ont toujours du succès, et il est de plus en plus facile de dénicher des versions modernes de ces grands classiques. Mais fuyez les articles de mauvaise qualité : croyez-nous, aucun endroit en ville ne vend d'authentique *shillelagh* (bâton de lutte irlandaise).

Mode

Les boutiques vintage sont en vogue. On trouve de nombreuses enseignes dans Temple Bar qui valent la peine de fouiller, ainsi que des étals bien fournis dans les nombreux marchés de la ville. Pour des pièces plus classiques, vos envies de lainage et de tweed seront comblées chez Avoca Handweavers (p. 55).

Marchés

Dublin s'est entiché des marchés, mais la crise du logement est telle qu'ils doivent changer régulièrement d'adresse, ce qui est difficile à suivre. Les meilleurs marchés sont désormais installés dans des lieux fixes, comme Lucky's (p. 106) ou The George (p. 53).

100% irlandais

Avoca Handweavers Notre grand magasin préféré en ville, avec d'innombrables idées de cadeaux artisanaux. (photo ; p. 55)

Irish Design Shop Des pièces artisanales de toute beauté, soigneusement sélectionnées. (p. 55)

Barry Doyle Design Jewellers Pour les bijoux aux motifs contemporains uniques. (p. 57)

Ulysses Rare Books Pour une édition originale ou un exemplaire relié en cuir de *Gens de Dublin* de James Joyce. (photo ; p. 57)

ANNEMARIE MCCARTHY / LONELY PLANET ©

Mode

Louis Copeland Costumes sur mesure de stylistes internationaux, et d'autres en prêt-à-porter. (p. 57)

Costume Des pièces uniques réalisés par des créateurs talentueux. (p. 57)

Scout Basiques modernes et élégants. (☎ 01-677 8846 ; scoutdublin.com ; 5 Smock Alley Ct, Essex St West ; ⏲ 10h30-18h lun-sam, 13h-17h dim)

Joaillerie

Chupi Magnifiques bijoux qui s'inspirent des paysages irlandais. (p. 55)

MoMuse Bijoux délicats en or. (☎ 01-707 1763 ; www.momuse.ie ; Powerscourt Townhouse, South William St ; ⏲ 10h30-18h lun-sam, 13h-17h dim)

Barry Doyle Design Jewellers Pièces créées à la main, au design contemporain et classique, d'inspirations celtique et africaine. (p. 57)

Rhinestones Élégants bijoux anciens et bijoux fantaisie des années 1920 aux années 1970. (☎ 01-679 0759 ; 18 St Andrew's St ; ⏲ 9h30-18h30 lun-mer et ven-sam, 9h30-21h jeu)

Taxes et remboursements

Une TVA de 23% s'applique sur toutes les marchandises vendues à Dublin, à l'exception des livres, vêtements pour enfants et articles éducatifs. Les voyageurs résidant dans un pays hors UE peuvent se faire rembourser la TVA à condition que le commerce participe au programme Cashback ou Taxback. Dans ce cas, l'acheteur reçoit un coupon qui doit être tamponné au dernier point de sortie de l'UE.

Sortir

Croyez-le ou non, il existe une vie en dehors du pub. Avec des comedy clubs, des concerts de musique classique, des récitals, des lectures, des spectacles de marionnettes et de la musique – beaucoup de musique. Sans oublier le théâtre, avec ses comédies musicales entraînantes, ses classiques de Beckett, Yeats et O'Casey, et les pièces contemporaines de sa ribambelle de nouveaux talents.

DIRK HUDSON / SHUTTERSTOCK ©

Réservations

Les billets pour le théâtre, les spectacles d'humoristes et les concerts de musique classique sont généralement en vente dans la salle concernée. Vous pouvez aussi vous les procurer auprès d'agences de réservation comme **Ticketmaster** (ticketmaster.ie ; achat en ligne uniquement), qui vend des billets pour des spectacles en tout genre et pour les grandes et moyennes salles – mais avec une commission de 12,5% par billet (minimum 1,65 €).

Musique live

Cobblestone Musique traditionnelle. (p. 122)

3 Arena Uniquement des spectacles de grands noms. (www.3arena.ie)

Whelan's Le QG des chanteurs-compositeurs. (p. 54)

Workman's Club Immanquable pour voir les artistes du moment. (p. 87)

Salles de théâtre

Gate Theatre Une merveille classique. (photo ci-dessus ; p. 125)

Project Arts Centre Pour voir des spectacles alternatifs. (p. 87)

Bord Gáis Energy Theatre Une jolie salle moderne. (p. 135)

Abbey Theatre Une véritable pépinière de talents. (p. 124)

Sorties culturelles

National Concert Hall Éminente salle de concerts de musique classique. (p. 55)

Abbey Theatre Célébrités du théâtre irlandais. (p. 124)

Bloomsday Pour comprendre *Ulysse* de Joyce. (p. 25)

Culture Night Art, architecture et patrimoine. (p. 25)

Musées et galeries

Il n'est pas surprenant que la capitale irlandaise, qui est de loin la plus grande ville du pays, détienne la majorité des meilleurs musées et galeries. Vous pourrez y découvrir l'histoire de la ville et de la nation, étudier ses objets emblématiques et contempler des œuvres d'art, de la préhistoire à nos jours.

RACHEL MCCASLIN / SHUTTERSTOCK ©

Collections

Dublin City Gallery – The Hugh Lane Elle rassemble nombre d'œuvres d'art moderne et contemporain. (p. 112)

National Gallery La meilleure collection d'art classique européen et irlandais du pays. (p. 62)

National Museum of Ireland – Archaeology "Ór – Ireland's Gold" est la plus belle collection d'art celtique au monde. (p. 60)

Irish Museum of Modern Art La plus importante collection du pays d'art moderne, irlandais et international. (p. 102)

National Museum of Ireland – Decorative Arts & History L'histoire sociale et militaire de l'Irlande à travers les vêtements, les bijoux et les uniformes. (p. 118)

Petits musées

Marsh's Library Une bibliothèque du XVIIIe siècle qui n'a pas changé depuis son ouverture. (p. 102)

Chester Beatty Library Fabuleuse collection de livres, de parchemins et d'objets d'art anciens des quatre coins du monde. (p. 42)

Little Museum of Dublin L'histoire de la capitale à travers des objets recueillis auprès de la population. (p. 48)

14 Henrietta St Deux siècles d'histoire d'une maison georgienne. (p. 118)

Expériences interactives

Guinness Storehouse L'occasion unique de savourer une Guinness à la source. (p. 92)

Jameson Distillery Bow Street La dégustation de whiskey à la fin de la visite est appréciable. (photo ; p. 119)

EPIC The Irish Emigration Museum. Prenez votre "passeport" pour découvrir l'histoire de l'émigration irlandaise. (p. 131)

Irish Family History Centre Retrouvez vos éventuels ancêtres irlandais à l'aide d'écrans interactifs. (p. 131)

Architecture

La ligne d'horizon de Dublin est révélatrice de son histoire, avec ses clochers remontant au Moyen Âge. La ville est plus ancienne que cela, mais il ne subsiste aucune trace de ses origines vikings, et il vous faudra donc commencer votre exploration au XIIe siècle. Pourtant, Dublin connaîtra une apothéose architecturale au XVIIIe siècle, à l'époque georgienne.

MAYDAYS / GETTY IMAGES ©

Georgienne

Leinster House Imaginée par Richard Cassels, elle a inspiré James Hoban pour la Maison-Blanche. (p. 68)

Charlemont House La résidence de lord Charlemont est désormais la Dublin City Gallery – The Hugh Lane. (p. 112)

14 Henrietta Street Cette maison édifiée pour un vicomte a été superbement restaurée. (p. 118)

Four Courts Le plus grand tribunal du pays. (p. 115)

Custom House James Gandon signera son arrivée à Dublin de ce chef-d'œuvre. (p. 132)

Bank of Ireland Conçue à l'origine par Edward Lovett Pearce pour le Parlement irlandais. (p. 49)

Contemporaine

Bord Gáis Energy Theatre (2010). Le chef-d'œuvre de Daniel Libeskind. (photo ci-dessus ; p. 135)

Grand Canal Square (2007). La place conçue par Martha Schwartz en face du Bord Gáis est l'espace moderne le plus réussi de la ville. (p. 133)

Samuel Beckett Bridge (2007). Le magnifique pont des Docklands, en forme de harpe, réalisé par l'architecte Santiago Calatrava. (p. 129)

Convention Centre (2011). Le surprenant bâtiment de Kevin Roche se compose d'un immense "tube" en verre, incliné à 45°. (p. 133)

Vaut le détour

Le plus imposant bâtiment georgien de la ville est sans conteste l'**Áras an Uachtaráin** (p. 109) – l'édifice présidentiel – grand pavillon palladien construit dans le Phoenix Park en 1751 pour loger le vice-roi britannique de l'époque.

Avec des enfants

MICHELLE O'KANE / GETTY IMAGES ©

Les enfants sont bienvenus partout à Dublin ; malheureusement, les infrastructures adaptées aux plus petits et les lieux qui leur sont consacrés – comme les espaces pour langer les bébés – sont encore rares.

Notre sélection

The Ark Avec des enfants entre 3 et 14 ans, vous pouvez passer un après-midi dans ce "centre culturel", qui propose des activités autour de la science, de l'environnement et de l'art (en anglais). (p. 82)

Dublinia Il existe de nombreuses façons de découvrir le passé viking de Dublin, mais Dublinia, le musée consacré aux Vikings et au Moyen Âge, présente des expositions interactives spécialement conçues pour les petits. (p. 81)

National Leprechaun Museum Les enfants apprécieront le tunnel à illusion d'optique qui les rétrécit, la salle remplie de meubles surdimensionnés, les puits et, bien sûr, le chaudron rempli d'or du Leprechaun. (p. 119)

Dublin Zoo L'un des meilleurs zoos d'Europe, qui compte environ 400 animaux de 100 espèces différentes répartis entre huit habitats (jungle asiatique, etc.). La ferme familiale permet aux enfants de s'en approcher au plus près. (photo ; p. 109)

Espaces verts

N'oubliez pas les parcs de Dublin, où les enfants peuvent allègrement se défouler : St Stephen's Green (p. 48), Merrion Sq (p. 67), Herbert Park (p. 139) et Phoenix Park (p. 108).

Informations pratiques

Transports Les transports publics sont gratuits pour les moins de 5 ans.

Pubs Les mineurs non accompagnés ne sont pas admis dans les pubs ; les enfants accompagnés peuvent rester jusqu'à 21h (22h de mai à septembre).

Site Web Les parents avec de jeunes enfants peuvent consulter www.everymum.ie.

Visites guidées

Dublin n'étant pas très grand, une visite guidée n'est nécessaire que si vous cherchez à tout faire en peu de temps. En revanche, les visites guidées thématiques, surtout pour les amateurs de gastronomie, d'histoire ou de littérature, ont leur intérêt.

BENOIT DAOUST/ SHUTTERSTOCK ©

À pied

Historical Walking Tour (☎087-688 9412 ; historicaltours.ie ; Trinity College Gate ; tarif plein/réduit/-14 ans 14/12 €/gratuit ; ⌚11h, 15h mai-sept, 11h avr et oct, 11h ven-dim nov-mars; 🚌ts ceux du centre-ville). Excellentes visites conduites par des diplômés de Trinity College.

Green Mile (☎01-661 1000 ; littlemuseum.ie ; Little Museum of Dublin, 15 St Stephen's Green N ; tarif plein/réduit 10/8 € ; ⌚11h30 ; 🚌ts ceux du centre-ville, 🚊St Stephen's Green). Visite de St Stephen's Green sous la houlette d'un historien local.

Fab Food Trails (☎01-497 1245 ; www.fabfoodtrails.ie ; visite guidée 2 heures 30- 3 heures 65 €/pers ; ⌚10h sam). Ces visites guidées avec dégustation vous mènent auprès des meilleurs producteurs locaux.

Dublin Literary Pub Crawl (☎087-263 0270 ; www.dublinpubcrawl.com ; 9 Duke St ; tarif plein/réduit 15/13 € ; ⌚19h30 tlj avr-oct, 19h30 jeu-dim nov-mars ; 🚌 ts ceux du centre-ville). Visite de pubs associés aux écrivains célèbres.

Dublin Musical Pub Crawl (☎01-475 8345 ; musicalpubcrawl.com ; Anglesea St ; circuit 2 heures 30/3 heures 19/55 € ; ⌚17h30 et 19h30 mer-sam avr-sept, 17h30 et 19h30 ven-sam oct-mars ; 🚌ts ceux du centre-ville). Découvrez l'histoire de la musique traditionnelle.

Secret Street Tours (secretstreettours.org ; tarif de base/soutien/soutien premium 15/25/35 € ; ⌚visite guidée 1 heure horaires variables). Visite intéressante de Smithfield ou du centre-cille de Dublin, guidée par un ancien sans-abri.

À vélo

See Dublin By Bike (☎01-443 3671 ; seedublinbybike.ie ; Drury St Car Park, Bike Park, Pl ; visites 35 € ; 🚌ts ceux du centre-ville). Visites à thème de 2 heures 30 pour parcourir la ville.

En bus

Dublin Bus Tours (www.dublinsightseeing.ie ; 59 Upper O'Connell St ; billet 24/48 heures 24/28 € ; 🚌ts ceux du centre-ville). Divers circuits, comme le Dublin City Tour à arrêts multiples.

En bateau

Dublin Discovered Boat Tours (☎01-473 0000 ; dublindiscovered.ie ; Sean O'Casey Bridge, Custom House Quay ; tarif plein/réduit/13-17 ans/4-12 ans 16/14/11/9,50 € ; ⌚10h30-16h15 avr-oct ; 🚌ts ceux du centre-ville, 🚊George's Dock). Visite de Dublin depuis la Liffey.

Festivals et événements

DAVE PRIMOV / SHUTTERSTOCK ©

Festivals

Culture Night (www.culturenight.ie ; sept). Toute une nuit d'événements, de performances et de conférences multiples.

Dublin Fringe Festival (www.fringefest.com ; sept). Le meilleur du théâtre contemporain.

St Patrick's Festival (www.stpatricksfestival.ie ; mi-mars ; photo ci-dessus). Un vent de folie souffle sur la ville.

Dublin LGBTQ Pride (www.dublinpride.ie ; mi-juin). Dix jours de célébration de la communauté homosexuelle

Forbidden Fruit (www.forbiddenfruit.ie ; ticket 1/2 jours à partir de 74,50/149 € ; juin ; 13, 40, 123 depuis le centre-ville). Excellent festival de musique alternative.

Taste of Dublin (dublin.tastefestivals.com ; Iveagh Gardens ; billet standard à partir de 12 €, billet VIP Garden Pass à partir de 51 €, VIP Garden Pass plus 2 signature dishes à partir de 61 € ; mi-juin ; Harcourt). Week-end dédié aux plaisirs gourmands.

Temple Bar Trad Festival (templebartrad.com ; fin jan ; ts ceux du centre-ville). L'une des meilleures fêtes de l'année.

Uniquement à Dublin

Bloomsday (www.bloomsdayfestival.ie ; mi-juin). Pour les inconditionnels de James Joyce.

All-Ireland Finals (variables). Temps fort des championnats de hurling et de football gaélique.

Dublin City Liffey Swim (facebook.com/LiffeySwim/ ; juil-août). Cinq cents originaux qui nagent dans la Liffey.

Baignade de Noël au Forty Foot Plongeon dans les eaux glacées de Sandycove à 11h, le jour de Noël.

Réservation de billets

Réservez vos billets bien à l'avance pour les festivals importants comme le Fringe et le Forbidden Fruit. Pour les finales du tournoi All-Ireland (sports gaéliques), il vous faudra un peu de chance pour obtenir une place.

Dublin en 4 jours

Jour 1

CLU / GETTY IMAGES ©

Cap sur le Trinity College et l'**Old Library** (photo, p. 37) pour admirer le *Livre de Kells*, avant de remonter **Grafton St** jusqu'à **St Stephen's Green** (p. 48). Les bibliophiles ne manqueront pas la **Chester Beatty Library** (p. 42).

Puis trois vénérables institutions vous attendent : le **National Museum of Ireland – Archaeology** (p. 60), pour admirer le calice d'Ardagh et la broche de Tara, les collections de la **National Gallery** (p. 62) et le **Museum of Natural History** (p. 67), que les enfants apprécieront.

Temple Bar est très animé la nuit, vous pourrez aussi bien vous y accorder une session de musique traditionnelle que vous encanailler dans l'un de ses nombreux **pubs** (p. 85).

Jour 2

YINGHUI LIU / SHUTTERSTOCK ©

Commencez par une visite des cathédrales médiévales de Dublin, **St Patrick's** (p. 94) et **Christ Church** (photo ; p. 76), avant de faire un tour à la **Teeling Distillery** (p. 102) et de rejoindre la curiosité touristique la plus populaire de la ville : le **Guinness Storehouse** (p. 92).

Poursuivez vers l'ouest jusqu'à Kilmainham et admirez la belle collection de l'**Irish Museum of Modern Art** (p. 102), avant de sortir par l'arrière pour découvrir **Kilmainham Gaol** (p. 96) – la visite offre une approche intéressante de la lutte irlandaise pour l'indépendance.

À Stoneybatter, **Walshs** (p. 123) est un superbe pub traditionnel. Vous pouvez sinon aller voir une pièce au **Gate Theatre** (p. 125) ou à l'**Abbey** (p. 124).

Jour 3

Après un tour dans **O'Connell St**, pour voir les impacts de balles de l'insurrection de 1916, visitez la **Dublin City Gallery The Hugh Lane** (p. 112). Au **14 Henrietta St** (p. 118) vous découvrirez l'histoire d'une maison georgienne ; à la **Jameson Distillery Bow Street** (p. 119), les secrets du whiskey irlandais.

La collection du **National Museum of Ireland – Decorative Arts & History** (p. 118) est impressionnante. Un peu plus loin, à l'ouest, se trouve le **Phoenix Park** (photo ; p. 109), le plus grand parc citadin d'Europe.

Le soir, rendez-vous à **Grafton St** (p. 51) et ses alentours qui offrent nombre de distractions : pubs, bars branchés ou salles de concert.

Jour 4

Musée primé, le **Little Museum of Dublin** (p. 48) possède une intéressante collection d'objets historiques recueillis auprès de la population. De là, vous pourrez faire la visite guidée à pied de **St Stephen's Green** (Green Mile, p. 24).

Sur l'autre rive, **EPIC The Irish Emigration Museum** (p. 131) propose une exploration multimédia de la diaspora irlandaise. Non loin de là, vous pourrez monter à bord du **Jeanie Johnston** (p. 132), qui transporta les migrants aux États-Unis.

Pour terminer sur une note inoubliable, passez la soirée au **O'Donoghue's** (p. 71), dans Merrion Row. Ce pub classique accueille des groupes de musique irlandaise traditionnelle.

Les basiques

Pour plus d'informations, voir le *Carnet pratique* (p. 145)

Monnaie
Euro (€)

Langue
Anglais, gaélique

Visas
Les ressortissants de l'Union européenne, les Canadiens et les Suisses sont exemptés de visa.

Argent
On trouve des DAB partout. Les cartes bancaires sont acceptées dans la plupart des restaurants, hôtels et magasins.

Téléphone portable
Pas de frais d'itinérance pour les voyageurs européens. Cartes SIM prépayées à partir de 20 €.

Heure locale
GMT/UTC en hiver, GMT/UTC plus une heure en été (quand il est midi à Dublin, il est 13h à Paris).

Budget quotidien

Moins de 150 €

Dortoir : 16-28 €
Repas bon marché dans un café ou un pub : 15-25 €
Ticket de bus : jusqu'à 2,85 €
Certains musées : gratuit
Pinte : 5,50-7 €

De 150 à 250 €

Chambre double en hôtel bon marché : 100-150 €
Chambre double en hôtel de catégorie moyenne ou en maison de ville : 130-250 €
Déjeuner/dîner dans un restaurant de moyenne gamme : 30-40 €
Visites guidées et attractions payantes : 20 €

Plus de 250 €

Double dans un hôtel de charme/4 étoiles : à partir de 250 €
Dîner dans un restaurant haut de gamme : 60-120 €

À prévoir

Deux mois avant Réserver le logement, surtout en été. Réserver les places pour des spectacles importants, en particulier les concerts d'artistes célèbres.

Deux semaines avant En basse saison, réserver son hébergement, les spectacles dans les grandes salles, une table dans un grand restaurant pour le week-end.

Une semaine avant Réserver une table pour dîner dans un restaurant prisé.

Arriver à Dublin

La plupart des voyageurs arrivent à Dublin par avion ; des ferrys rejoignent aussi le port de Dublin depuis le Royaume-Uni.

Depuis l'aéroport de Dublin

Bus Des bus desservent le centre-ville toutes les 10-15 minutes, entre 6h et 0h30.

Taxi Comptez 45 minutes jusqu'au centre-ville pour environ 25 €.

Depuis le port de Dublin

Bus Tous les bus (adulte/enfant 3,50/2 €, 15 min) coïncident avec les arrivées et départs des ferrys.

Comment circuler

Bus

Les bus circulent entre 6h et 23h30. Il faut faire l'appoint ou utiliser la Leap Card (disponible dans la plupart des kiosques).

Luas (tramway)

C'est le mode de transport le plus efficace. La ligne verte relie O'Connell St et St Stephen's Green à Sandyford, rive sud ; la ligne rouge va de Point Village à Tallaght via les quais de la rive nord et Heuston Station.

Vélo

Grâce aux vélos en libre-service Dublinbikes (3 jours, 5 € ; www.dublinbikes.ie), vous pouvez rapidement explorer la ville, qui dispose de plus de 100 stations.

Voiture et moto

La circulation dans Dublin est cauchemardesque et le stationnement, un casse-tête assez coûteux. Compter environ 4 €/heure (forfait moins coûteux en général) pour un parking surveillé et couvert.

DERICK HUDSON / SHUTTERSTOCK ©

Les quartiers de Dublin

Nord de la Liffey (p. 111)

Moins raffiné que la rive sud, le quartier qui s'étend juste au nord du fleuve est un intéressant mélange de splendeur du XVIIIe siècle, de vie urbaine traditionnelle et de multiculturalisme.

Temple Bar (p. 75)

Le quartier le plus connu de Dublin résonne toujours de discussions animées et d'éclats de rire. Le jour, on peut y découvrir des boutiques et des galeries d'art.

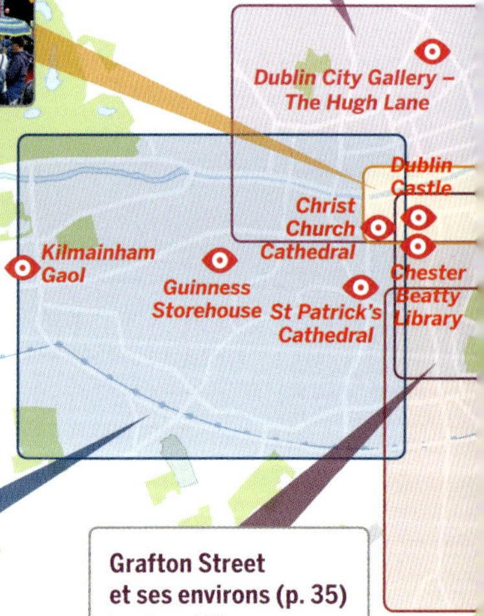

Kilmainham et les Liberties (p. 91)

Le quartier le plus ancien de Dublin, juste à l'ouest du centre-ville sud, compte quelques sites touristiques majeurs.

Grafton Street et ses environs (p. 35)

La plus célèbre rue de Dublin est le cœur animé du centre-ville. Elle est entourée d'un dédale de petites rues très fréquentées.

Docklands (p. 127)

Les immeubles modernes des Docklands – surnommés Silicon Docks – accueillent les géants technologiques. Quelques merveilles architecturales se distinguent.

Merrion Square et ses environs (p. 59)

Quartier à l'exquise architecture georgienne où vous découvrirez un parfait mélange de bâtiments publics, de musées, de bureaux privés et de résidences.

Rive sud (p. 137)

La rive sud du Grand Canal détient moins de sites touristiques, mais permet d'explorer les quartiers les plus prospères de la ville.

Explorer Dublin

Vaut le détour

Les plus belles balades

Pont Ha'penny (p. 81) PAVEL L PHOTO AND VIDEO / GETTY IMAGES ©

PATEK PHILIPPE
GENEVE
HEALTH
MATTERS
CARD

Explorer

Grafton Street et ses environs

La plus célèbre rue de Dublin est le cœur animé du centre-ville, piétonnier. On trouve le plus grand choix de pubs, de boutiques et de restaurants dans les petites rues très fréquentées qui l'entourent.

Notre sélection

- ***Chester Beatty Library (p. 42).*** *Découvrez les superbes collections de ce musée qui compte parmi les meilleurs d'Irlande.*
- ***Old Library et Livre de Kells (p. 37).*** *Majestueuse bibliothèque qui conserve l'Évangile enluminé le plus célèbre du monde.*
- ***Little Museum of Dublin (p. 48).*** *Une collection extraordinaire d'objets historiques recueillis auprès de la population.*
- ***Une soirée en ville (p. 51).*** *Un dîner suivi d'une pinte dans un pub comme le Kehoe's.*

Comment y aller et circuler

Tous les bus qui traversent la ville passent par ce quartier.

La ligne Luas Green passe par Grafton St puis Dawson St avant de longer le côté ouest de St Stephen's Green et de poursuivre au sud sur Harcourt St.

Cœur de la ville, Grafton St se situe à moins de 500 m de tous les autres quartiers (y compris de la partie ouest des Docklands).

Plan de Grafton Street et ses environs p. 46

Grafton Street POPA IOANA MIRELA / SHUTTERSTOCK ©

Les incontournables

Trinity College

À l'écart de l'agitation du monde moderne, l'université la plus prestigieuse d'Irlande est un havre de calme et sérénité. Ses majestueux bâtiments georgiens et victoriens, ses places pavées et ses pelouses soignées composent l'un des lieux de promenades les plus agréables de Dublin.

PLAN P. 46, E1

01-896 1000

www.tcd.ie

College Green

Entrée libre

8h-22h

ts ceux du centre,

Westmoreland ou Trinity

Old Library et Livre de Kells

Construite par Thomas Burgh entre 1712 et 1732, l'**Old Library** (tarif plein/réduit/famille 18/15/34 € ; 8h30-17h lun-sam, 9h30-17h dim avr-sept, 9h30-17h lun-sam, 12h-16h30 dim oct-mars) conserve les principaux trésors du Trinity College, en particulier le **Livre de Kells (Book of Kells)** (voir p. 39), un splendide évangéliaire enluminé daté de l'an 800, œuvre des moines du monastère de St Colmcille, sur l'île écossaise d'Iona. Dans la Long Room – longue de 65 m –, se trouvent 200 000 des plus anciens volumes de la bibliothèque. On peut aussi admirer un exemplaire rare de la **Proclamation de la République irlandaise**, lue par Patrick Pearse lors de l'insurrection de Pâques en 1916, et la **harpe de Brian Ború**, qui remonte en réalité au XIVe ou au XVe siècle et qui est l'une des trois seules harpes gaéliques qui nous soient parvenues. Le billet d'entrée donne accès aux expositions temporaires de l'East Pavilion.

Front Square et Parliament Square

L'élégante **entrée de la Regent House**, sur College Green, est gardée par les statues de l'écrivain **Oliver Goldsmith** (1728-1774) et de l'orateur **Edmund Burke** (1729-1797). Les grilles extérieures constituent un point de rendez-vous populaire.

L'entrée donne, après Students' Union, sur Front Sq et Parliament Sq, laquelle est dominée par un **campanile** de 30 m de haut, dessiné par Charles Lanyon et érigé entre 1852 et 1853, à l'endroit supposé du centre du monastère qui a précédé Trinity College. Selon la superstition, tout étudiant qui passe en dessous lorsque les cloches sonnent échoue aux examens. Au nord du campanile trône la statue de **George Salmon**, recteur de 1886 à 1904. Farouchement opposé à l'admission des femmes à Trinity College, il

★ À savoir

- À l'origine exclusivement protestant, Trinity College admit aussi les catholiques à partir de 1793. Pour autant, l'Église catholique interdisait à ses fidèles de le fréquenter, sous peine d'excommunication, jusque dans les années 1970. Notez qu'il fallut attendre 1904 pour que les femmes aient le droit d'y suivre des cours.
- Pendant près de deux siècles, les étudiants ne portant pas d'épée n'étaient pas admis sur le campus, et les duels au pistolet n'étaient pas rares aux XVIIe et XVIIIe siècles.

✕ Une petite pause ?

- Lemon (p. 50), près de l'entrée dans Nassau St, sert un choix de crêpes sucrées ou salées.
- Pour savourez une pinte, suivez Grafton St jusqu'au pub Kehoe's (p. 51).

déclara que cela n'arriverait pas de son vivant, ce qui s'avéra le cas, puisqu'il rendit l'âme avant que les premières étudiantes soient admises. Au sud du campanile, une statue représente l'historien **W.E.H. Lecky** (1838-1903).

Histoire

Construite sur des terres confisquées à un prieuré augustinien, cette université fut fondée en 1592 par Élisabeth Ire pour endiguer l'exode des jeunes Dublinois protestants, lesquels partaient étudier sur le continent où ils étaient selon elle "contaminés par le papisme". Trinity College devint par la suite l'une des premières universités d'Europe et forma quelques grands noms de la littérature, comme Jonathan Swift, Oscar Wilde, Bram Stocker et Samuel Beckett.

Fellows' Square

À l'ouest de la **Berkeley Library** (Fellows' Sq ; fermée au public), un bâtiment brutaliste conçu en 1967 par Paul Koralek, l'**Arts & Social Science Building** (bâtiment des Arts et Sciences sociales ; fermé au public) abrite la **Douglas Hyde Gallery** (www.douglashydegallery.com ; entrée libre ; 12h-17h mer et ven-dim, 12h-18h jeu), l'un des principaux musées d'art contemporain du pays. Sa programmation ambitieuse est résolument avant-gardiste, et ses expositions, souvent enrichies de projections de films, de concerts ou de performances.

Trinity College

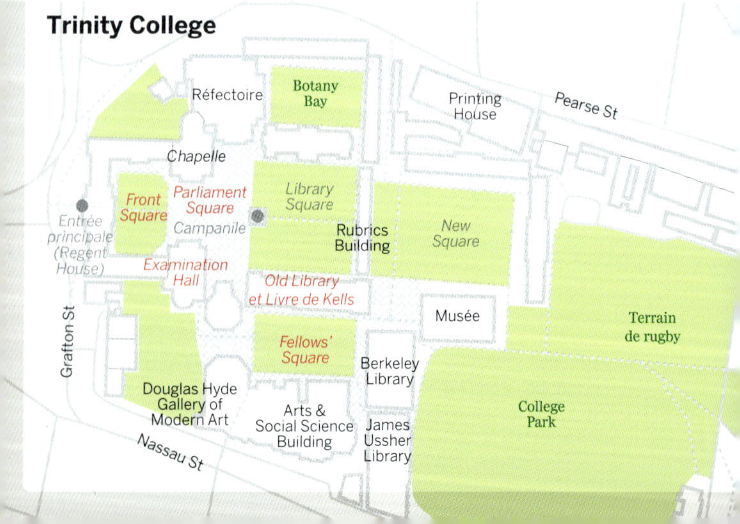

Le Livre de Kells

L'histoire du *Book of Kells* est presque aussi fascinante que ses enluminures. On pense qu'il a été produit autour de l'an 800 par les moines du monastère St Colomba (Colmcille) d'Iona, une île lointaine au large des côtes écossaises. Les pillages successifs de Vikings en maraude obligèrent les moines à fuir à Kells, dans le comté de Meath, avec leur chef-d'œuvre. Volé en 1007, le manuscrit fut retrouvé enterré trois mois plus tard. Le *Book of Kells* fut mis en sécurité au Trinity College en 1654, et est aujourd'hui conservé dans l'Old Library (p. 37), où plus d'un demi-million de visiteurs se pressent pour le voir chaque année. Le manuscrit de 680 pages (340 folios) a été relié à nouveau en 1953 en 4 volumes à couvertures de vélin.

Mais il y a deux choses à savoir avant de faire la visite. La première, c'est que seules deux des 680 pages sont exposées (une enluminure et une page de texte), ce qui vaut à l'expérience le surnom de "page de Kells". Il est effectivement difficile d'envisager de laisser les visiteurs feuilleter à loisir un trésor si précieux. Mais le véritable souci est la popularité du livre, qui fait de la visite une expérience décevante. Tels des moutons, les visiteurs sont conduits dans une salle d'exposition spécialement conçue pour le livre, et priés de jeter un œil au chef-d'œuvre quelques secondes avant de céder la place aux suivants.

Pour véritablement apprécier le fabuleux évangéliaire, vous pourrez toujours acheter une reproduction exacte pour la modique somme de 22 000 €. Autrement, la boutique de l'Old Library vend toute une gamme de souvenirs et cadeaux liés au livre, dont l'ouvrage *The Book of Kells* de Bernard Meehan (19,95 €), qui contient de nombreuses reproductions et d'excellentes explications.

Examination Hall

Vers l'entrée principale, après la Reading Room, l'Examination Hall, bâtiment palladien datant de la fin du XVIIIe siècle qui ressemble beaucoup à la chapelle située juste en face (ils sont du même architecte), contient un lustre en chêne sauvé du Parlement irlandais (aujourd'hui la Bank of Ireland) et sert de lieu d'examen et de salle de concert.

College Park

Vers l'extrémité est du complexe universitaire, le joli College Park invite à paresser sur la pelouse les jours ensoleillés et donne parfois l'occasion d'assister à un match de cricket, chose insolite en Irlande. **Lincoln Place Gate**, à l'angle sud-est du parc, offre un raccourci pratique pour gagner Merrion Square.

Les incontournables

Dublin Castle

Bastion du pouvoir normand puis britannique en Irlande durant sept siècles, le château de Dublin ressemble pourtant davantage à un palais de style composite, essentiellement du XVIIIe siècle, qu'à une forteresse médiévale.

PLAN P. 46, B2

www.dublincastle.ie

Dame St

Visite guidée tarif plein/réduit/-12 ans 12/6/4 €, visite libre 8/4-6 €/gratuit

9h45-17h45, dernière entrée 17h15

ts ceux du centre-ville

Chapelle royale

Après l'entrée principale (Dame St), la chapelle royale – parfois incluse dans la visite guidée – de style néogothique, a été conçue par Francis Johnston (1814). Elle est ornée de plus de 90 têtes de personnages et de saints irlandais en pierre calcaire de Tullamore. À l'intérieur, admirez les voûtes en croisée d'ogives, les galeries en bois, les vitraux et les belles statues d'anges.

Cour supérieure

La cour supérieure correspond plus ou moins aux dimensions du château médiéval. À droite, l'allégorie de la Justice tournant le dos à la ville fut considérée par les Dublinois comme un affront de la part du pouvoir britannique. La **Bedford Tower** (1761) voisine se dresse à l'emplacement de la porte normande d'origine. C'est ici que furent dérobés en 1907 les joyaux de la Couronne irlandaise, toujours introuvables à ce jour.

Vestiges souterrains

Les **vestiges souterrains** du château médiéval ont été découverts par hasard en 1986. Ils incluent les fondations vikings, construites à l'aide d'un mortier très résistant composé de sang de bœuf, de coquilles d'œufs et de crin de cheval, les murs extérieurs défensifs et les escaliers menant aux douves et à la mince rivière Poddle qui les alimentait jadis avant de rejoindre la Liffey.

Autres parties du château

À côté de la chapelle royale, la **Record Tower** normande est la seule tour médiévale intacte de Dublin. Sur votre droite se tient le **Trésor** d'époque georgienne, plus vieux bâtiment de bureaux de la ville, derrière vous le disgracieux **Revenue Commissioners Building** (1960).

★ À savoir

- Lors de la rédaction de ce guide, la visite guidée – qui donne accès aux parties les plus intéressantes du château – était suspendue à cause du COVID-19. Renseignez-vous sur le site Internet.
- À l'occasion d'événements officiels, l'accès du château peut être limité à certains bâtiments.

Une petite pause ?

- Non loin de l'entrée principale, dans Cow's Lane, le Queen of Tarts (p. 84) propose thé et pâtisseries.
- **Leo Burdock's** (leoburdock.com ; 2 Werburgh St ; fish and chips 10,95-13,95 € ; 11h30-minuit dim-jeu, 11h30-1h ven-sam), au coin de la rue, est l'enseigne de *fish and chips* la plus fameuse de Dublin.

Les incontournables

Chester Beatty Library

Petite certes, mais le meilleur musée du pays, voire d'Europe, dans sa catégorie, la Chester Beatty Library est célèbre dans le monde entier. Aménagée dans la Clock Tower, à l'arrière du château de Dublin, elle conserve une collection extraordinaire, constituée avec soin et expertise par Alfred Chester Beatty, magnat new-yorkais de l'industrie minière.

PLAN P. 46, A3

www.cbl.ie

Entrée libre

9h45-17h30 lun, mar et jeu-sam, 9h45-20h mer, 12h-17h30 dim tte l'année, fermé lun nov-fév

ts ceux du centre-ville

Alfred Chester Beatty

Voyageur et collectionneur passionné, Alfred Chester Beatty (1875-1968), industriel américain, s'intéressa à différentes cultures et amassa plus de 20 000 manuscrits, livres rares, miniatures, tablettes d'argile, costumes et tout objet d'art qui piquait sa curiosité. Il s'enticha de Dublin et en fit sa ville d'adoption.

Art du livre

Les collections sont réparties sur deux niveaux. Au rez-de-chaussée, "Arts of the Book" est un petit ensemble d'œuvres choisies provenant d'Occident, du monde musulman et d'Asie orientale, notamment la plus belle collection de livres de jade chinois et des manuscrits européens enluminés, à la calligraphie minutieuse. Des installations audiovisuelles expliquent les différents procédés techniques entrant dans la fabrication de l'objet livre (production du papier, impression, reliure...).

Traditions sacrées

À l'étage, l'exposition "Sacred Traditions" propose une merveilleuse plongée dans les grandes religions du monde, à travers des œuvres enluminées et religieuses. À l'entrée de la salle, plusieurs vidéos explicatives vous serviront de support. La collection de corans du IXe au XIXe siècle (la bibliothèque en compte plus de 270) est considérée par les experts comme le plus bel exemple d'enluminure musulmane existant. Il y a aussi de remarquables exemplaires de papyrus anciens, dont de célèbres poèmes érotiques égyptiens du XIIe siècle av. J.-C., et des évangiles sur manuscrits enluminés, parmi les plus vieux au monde (vers l'an 200). La collection se complète d'inestimables rouleaux et objets d'art asiatique (Chine, Japon, Tibet et Asie du Sud-Est), dont les deux volumes des rouleaux japonais Chogonka, peints au XVIIe siècle par Kano Sansetsu.

★ À savoir

- Des visites guidées gratuites ont lieu le mercredi à 17h30, le samedi et le dimanche à 14h.
- Le jardin au sommet du bâtiment constitue un havre de paix en pleine ville.

✕ Une petite pause ?

Au rez-de-chaussée du musée, le **Silk Road Café** (www.silkroadkitchen.ie ; 🕒10h-16h30 mar-ven, 11h-16h30 sam, 13h-16h30 dim ; *afternoon tea* 27 €) prépare une savoureuse cuisine moyen-orientale. Sinon, déjeunez au bistrot français **Chez Max** (☎01-633 7215 ; www.chezmax.ie ; 1 Palace St ; plats 11,50-27 € ; 🕒10h-15h et 17h-22h mar-jeu, 10h-15h et 17h-22h ven, 12h-16h et 17h-22h sam, 12h-16h et 17h-21h dim), près de la porte principale du château.

Promenade à pied

Une promenade à St Stephen's Green

Souvent surnommé "The Green", le parc St Stephen's Green est le plus prisé des espaces verts de la ville. Ici, les employés de bureau déjeunent d'un sandwich au soleil, les amoureux se bécotent sur la pelouse et les enfants viennent donner du pain à des canards enthousiastes.

La promenade

Départ Fusilier's Arch

Arrivée Cimetière huguenot

Distance et durée 2,5 km, 30 minutes

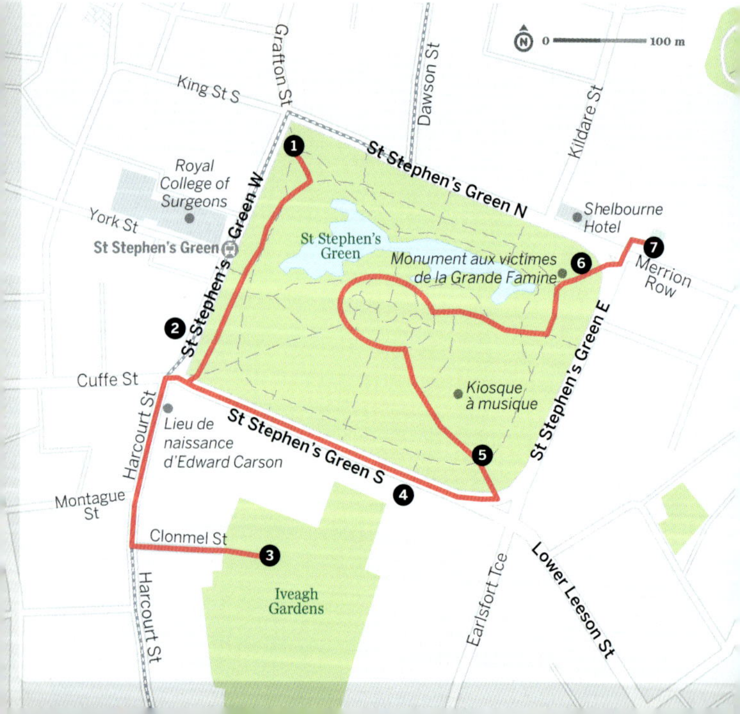

❶ Fusilier's Arch

L'entrée principale de St Stephen's Green se trouve tout en haut de Grafton St, via la **Fusilier's Arch**, qui est censée être une version réduite de l'arc de Titus à Rome. Elle rend hommage aux 212 soldats des Royal Dublin Fusiliers tués lors de la guerre des Boers (1899-1902).

❷ Unitarian Church

Descendez le long du côté ouest du parc, en passant devant la superbe façade du Royal College of Surgeons, dont les colonnes portent encore les marques de l'insurrection de Pâques 1916. Un peu après, du même côté, se dresse l'**Unitarian Church** (www.dublinunitarianchurch.org ; entrée libre ; culte 12h30-14h mer, 10h-12h30 dim), de 1863.

❸ Iveagh Gardens

Traversez Harcourt St et passez devant le n°4, lieu de naissance de sir Edward Carson, fondateur de l'unionisme d'Irlande du Nord. En tournant dans Clonmel St, vous découvrirez un parc peu connu, les **Iveagh Gardens** (entrée libre), conçu par Ninian Niven en 1863 comme terrain privé de l'Iveagh House.

❹ Iveagh House

Revenez dans St Stephen's Green et prenez à droite en longeant le sud du parc. De l'autre côté de la rue, vous pourrez voir l'**Iveagh House** (dfa.ie ; fermé au public), un ensemble de deux maisons georgiennes qui furent rassemblées par le brasseur et philanthrope Benjamin Guinness en 1862. L'Iveagh House fut cédée à l'État en 1939, et héberge désormais le ministère des Affaires étrangères.

❺ Les Trois Nornes

À l'intérieur du parc, l'entrée sud-est est occupée par une fontaine ornée d'une **sculpture en bronze** représentant les *Trois Nornes* (*the Three Fates*). Œuvre de l'artiste Josef Wackerle, il s'agit d'un cadeau du peuple allemand à l'Irlande en 1956, en remerciement de l'aide apportée à 500 enfants réfugiés après la Seconde Guerre mondiale.

❻ Tonehenge

Coupez le parc pour arriver au kiosque à musique de 1887 et gagnez l'angle nord-est après de superbes parterres fleuris. Près de l'entrée s'élève un monument aux victimes de la Grande Famine. Les pierres verticales qui encerclent la statue de Wolfe Tone valent à l'ensemble le surnom de "Tonehenge" (en référence au site mégalithique anglais de Stonehenge).

❼ The Beaux Walk

De l'autre côté de la rue, vers Merrion Row, s'étend un petit **cimetière huguenot** (fermé au public), construit vers 1693 par des réfugiés français protestants. Dans ce secteur, tous les bâtiments datent du milieu du XVIIIe siècle. La promenade pour revenir vers Grafton permet d'admirer quantité de beaux édifices (notamment le Shelbourne Hotel).

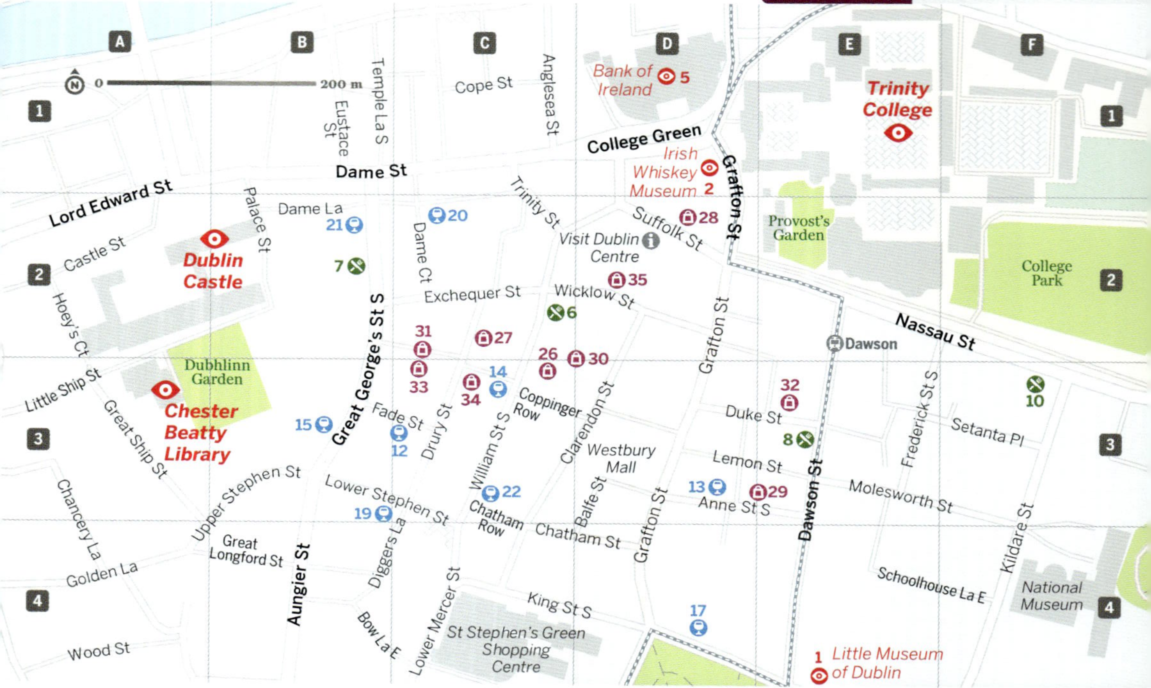
A
B
C
D
E
F
1
2
3
4
0
200 m
Trinity College
Bank of Ireland 5
Irish Whiskey Museum 2
Dublin Castle
Chester Beatty Library
Little Museum of Dublin 1
Provost's Garden
College Park
Dubhlinn Garden
National Museum
St Stephen's Green Shopping Centre
Visit Dublin Centre
Dawson
College Green
Dame St
Lord Edward St
Grafton St
Nassau St
Dawson St
Great George's St S
Aungier St
Cope St
Anglesea St
Temple La S
Eustace St
Dame La
Dame Ct
Palace St
Castle St
Hoey's Ct
Little Ship St
Great Ship St
Chancery La
Golden La
Wood St
Upper Stephen St
Lower Stephen St
Great Longford St
Diggers La
Bow La E
Lower Mercer St
King St S
Fade St
Drury St
William St S
Exchequer St
Trinity St
Suffolk St
Wicklow St
Coppinger Row
Clarendon St
Westbury Mall
Balfe St
Chatham Row
Chatham St
Duke St
Lemon St
Anne St S
Molesworth St
Frederick St S
Setanta Pl
Kildare St
Schoolhouse La E
6
7
8
10
12
13
14
15
17
19
20
21
22
26
27
28
29
30
31
32
33
34
35

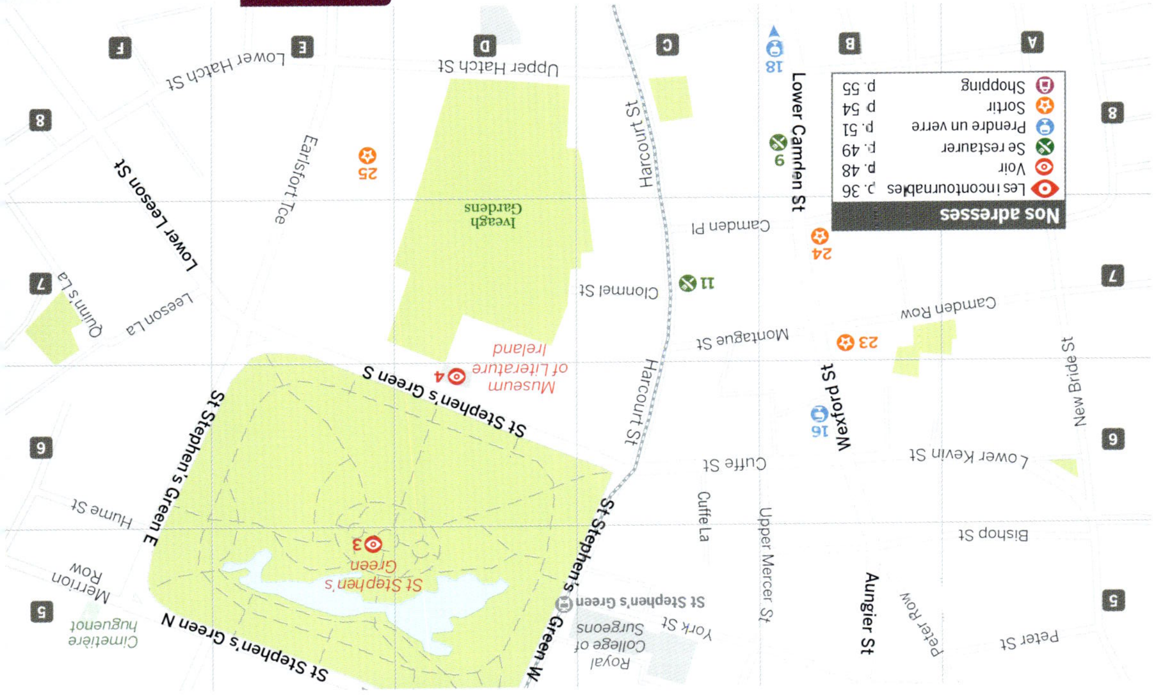
Nos adresses
Les incontournables p. 36
Voir p. 48
Se restaurer p. 49
Prendre un verre p. 51
Sortir p. 54
Shopping p. 55
St Stephen's Green N
St Stephen's Green E
St Stephen's Green S
St Stephen's Green W
St Stephen's Green
3
Museum of Literature Ireland
4
Iveagh Gardens
Cimetière huguenot
Merrion Row
Hume St
Quinn's La
Leeson La
Lower Leeson St
Earlsfort Tce
Lower Hatch St
Upper Hatch St
Harcourt St
Clonmel St
Camden Pl
Lower Camden St
Montague St
Cuffe St
Cuffe La
Upper Mercer St
York St
Royal College of Surgeons
St Stephen's Green
Wexford St
Camden Row
Lower Kevin St
New Bride St
Bishop St
Aungier St
Peter Row
Peter St
25
11
9
18
24
23
16
A
B
C
D
E
F
5
6
7
8

Voir

Little Museum of Dublin

MUSÉE

1 PLAN P. 46, E4

Ce musée primé raconte l'histoire de Dublin au XXe siècle, à travers une impressionnante collection de souvenirs et photos donnés par la population et exposés dans les salles d'une jolie maison georgienne. Parmi les objets figurent un lutrin utilisé par John Fitzgerald Kennedy lors de sa visite en Irlande en 1963 et un original de la lettre remise aux envoyés irlandais lors des négociations du traité de 1921, dont les instructions contradictoires déclenchèrent à terme la guerre civile. (01-661 1000 ; www.littlemuseum.ie ; 15 St Stephen's Green N ; tarif plein/réduit/famille 10/8/25 € ; 10h-17h ; dernière entrée 16h45 ; ts ceux du centre-ville, St Stephen's Green)

Irish Whiskey Museum

MUSÉE

2 PLAN P. 46, D1

Pour en savoir un peu plus sur le whiskey, que les Irlandais surnomment *uisce beatha* ("eau-de-vie"), passez une heure dans ce musée. Vous apprendrez notamment pourquoi son industrie s'est effondrée à Dublin et connaît aujourd'hui un nouvel essor. La visite guidée, toutes les demi-heures, de 10h30 à 17h30, permet de goûter au moins trois variétés. (01-525 0970 ; irishwhiskeymuseum.ie ; 119 Grafton St ; visite guidée tarif plein/réduit 20/18 €, visite guidée Premium tarif plein/réduit 23/21 €, Blending Experiences 30 € réservé aux +18 ans ; 10h-19h ; ts ceux du centre-ville, Trinity)

St Stephen's Green

PARC

3 PLAN P. 46, E5

Difficile d'imaginer, lorsqu'on observe les promeneurs qui profitent des 9 ha de ce joli parc paysager, le plus apprécié de la capitale, qu'il était jadi le lieu d'exécution publique des condamnations au fouet, au bûcher ou à la pendaison. La pire punition que l'on encoure aujourd'hui est un sermon du gardien pour avoir abîmé les parterres de fleurs soigneusement entretenus. (aube-crépuscule ; ts ceux du centre-ville, St Stephen's Green)

Museum of Literature Ireland (MoLI)

MUSÉE

4 PLAN P. 46, D6

Réouvert en 2019, ce musée propose, à travers des installation digitales et interactives, l'exploration du patrimoine littéraire irlandais, du Moyen Âge à nos jours. Vous y verrez notamment les carnets rédigés par Joyce pour *Ulysse* ainsi que le tout premier tirage de l'œuvre. Le musée est installé dans les deux beaux édifices georgiens constituant la Newman House, où fut établie, en 1865, la Catholic University of Ireland, université de Joyce, Patrick Pearse et Eamon de Valera. (01-716 5900 ; www.

moli.ie ; UCD Naughton Joyce Centre, 86 St Stephen's Green ; tarif plein/réduit/-3 ans/famille 10/8/gratuit/23 €, visite guidée 12 € ; 10h30-18h, dernière entrée 17h ; ts ceux du centre-ville, St Stephen's Green)

Bank of Ireland

ÉDIFICE REMARQUABLE

5 PLAN P. 46, D1

Bordant College Green, cet immense édifice palladien accueillit le Parlement irlandais jusqu'en 1801 ; c'est l'un des premiers bâtiments au monde à avoir été construit pour abriter un parlement. Le bâtiment d'origine (la partie centrale, à colonnades, qui caractérise la construction actuelle) fut conçu par sir Edward Lovett Pearce dès 1729 et achevé par James Gandon en 1787. Lors de la rédaction de ce guide, le centre des visiteurs était fermé à cause du COVID-19, renseignez-vous sur le site Internet. (01-671 1488 ; College Green ; 10h-16h lun-mer et ven, 10h-17h jeu ; ts ceux du centre-ville ; Westmoreland)

Se restaurer

Pepper Pot

CAFÉ €

Tout est frais du jour dans ce charmant petit café (voir 30 Plan p. 46, D2) installé au rez-de chaussée et au 1er étage du Powerscourt Townhouse Shopping Center (p. 56). Les salades accompagnées de pain complet maison sont délicieuses. Spécialité du lieu : la soupe du jour (6 €). (thepepperpot.ie ; Powerscourt Townhouse, S William

St Stephen's Green

DERICK HUDSON / SHUTTERSTOCK ©

St ; plats 7,50-10,50 € ; 11h-17h45 lun-sam, 11h-17h lun-ven l'été ; ts ceux du centre-ville)

Lemon

CRÊPES €

6 PLAN P. 46, C2

Le Lemon sert plusieurs sortes de crêpes sucrées et salées – pâte très fine, garnitures copieuses et savoureuses – et un excellent café dans une atmosphère animée. (www.lemonco.com ; 66 South William St ; crêpes à partir de 4,90 € ; 8h-17h lun-ven, 8h30-17h sam, 9h30-17h dim ; ; ts ceux du centre-ville).

Pi Pizza

PIZZERIA €€

7 PLAN P. 46, B2

Reg White a appris l'art de la pâte à pizza à San Francisco avant d'ouvrir cet établissement en 2018. La carte ne propose que huit pizzas, chacune interprétant à merveille la spécialité napolitaine. Nous recommandons celle aux *funghi* (champignons) ou aux broccolinis sur fond de crème. (www.pipizzas.ie ; 73-83 S Great George's St ; pizzas 9-15 €; 12h-22h dim-mer, 12h-22h30 jeu-sam ; ts ceux du centre-ville)

Irish Whiskey Museum (p. 48)

J2R / ISTOCK GETTY IMAGES ©

Featherblade

STEAK €€

8 PLAN P. 46, E3

Dans ce temple du steak à l'exceptionnel rapport qualité/prix, l'accent est mis sur des pièces de bœuf inhabituelles, comme la *picanha* (pointe de rumsteak). S'il figure sur la carte, jetez votre dévolu sur le bœuf West Cork Wagyu – une viande très tendre. Le prix des vins est correct, plusieurs crus sont servis au pichet. (01-679 8814 ; www.featherblade.ie ; 51B Dawson St ; steaks 14-20 € ; 12h-15h et 17h-tard lun-ven, 12h-tard sam, 13h-20h dim; ts ceux du centre-ville, Dawson)

Hang Dai

CHINOIS €€

9 PLAN P. 46, B8

Il faut impérativement réserver pour avoir une place au bar ou dans l'un des "compartiments" de cette adresse ultrabranchée, conçue pour ressembler à un wagon de chemin de fer. L'éclairage bleu et rouge et la musique sentimentale ne sont pas du meilleur goût. La cuisine – des classiques de la gastronomie chinoise mis au goût du jour – s'avère en revanche très réussie. (01-545 8888 ; www.

hangdaichinese.com ; 20 Lower Camden St ; plats 18-28 € ; 17h-tard mar-ven, 13h-tard sam-dim ; 14, 15, 65, 83)

Pig's Ear

IRLANDAIS MODERNE €€

10 PLAN P. 46, F3

Un restaurant chic sur deux niveaux donnant sur les terrains de sport de Trinity College (p. 36), réputé pour son exquise cuisine irlandaise innovante, avec notamment à la carte poitrine de porc grillée, plat de côtes de bœuf irlandais et superbe *shepherd's pie* (sorte de hachis parmentier) cuit lentement. (01-670 3865 ; www.thepigsear.com ; 4 Nassau St ; plats 22-29 € ; 17h30-21h mer-sam ; ts ceux du centre-ville)

Sophie's @ the Dean

ITALIEN €€

11 PLAN P. 46, C7

Avec ses baies vitrées donnant sur la ville, ce restaurant perché au dernier étage du Dean offre probablement le plus beau cadre de tout Dublin. Plats italiens revisités, comme de délicieuses pizzas aux garnitures non traditionnelles (dont effiloché de porc à la sauce barbecue), et des filets de bœuf de 200 g préparés à la perfection. Également excellent pour le petit-déjeuner. (01-607 8100 ; www.sophies.ie ; 33 Harcourt St ; plats 14-34 € ; 7h-tard lun-ven, 8h-tard sam-dim ; 9, 11, 14, 15, 15A, Harcourt)

Prendre un verre

The Bar with no name

BAR

12 PLAN P. 46, C3

Une entrée discrète, juste à côté du restaurant français branché **L'Gueuleton** (fr-fr.facebook.com/LGueuleton) dans une maison victorienne restaurée, mène à l'étage dans l'un des plus beaux bars de la ville : trois grandes pièces et un patio chauffé pour les fumeurs. Ni enseigne ni nom : on l'appelle le "bar sans nom". (www.noname.bar ; 3 Fade St ; 14h-23h30 lun-mer, 14h-0h30 jeu, 14h-1h30 ven, 13h-1h30 sam, 13h-23h30 dim ; ts ceux du centre-ville)

Kehoe's

PUB

13 PLAN P. 46, D3

Avec son beau bar victorien et sa salle douillette, le Kehoe's représente l'archétype du pub dublinois traditionnel – un passage obligé quand on visite la ville. Sa popularité auprès des habitants et des visiteurs dure depuis des générations, si bien qu'il s'est étendu aux appartements des patrons à l'étage, où un comptoir a été installé. (kehoesdublin.ie ; 9 South Ann St ; 10h-23h lun-jeu et dim, 10h-1h ven-sam ; ts ceux du centre-ville)

Grogan's Castle Lounge

PUB

14 PLAN P. 46, C3

Simplement appelée Grogan's (du nom du premier propriétaire), cette institution du centre-ville sert depuis longtemps de refuge aux écrivains et aux peintres. (www.groganspub.ie ; 15 South William St ; 10h30-23h30 lun-jeu, 10h30-0h30 ven-sam, 12h30-23h dim ; ts ceux du centre-ville)

The Long Hall

PUB

15 PLAN P. 46, B3

D'une splendeur victorienne classique, c'est l'un des pubs les plus beaux et les plus aimés de la capitale. Admirez les bois sculptés derrière le bar et le raffinement des lustres. Les barmans excellent en leur domaine, une qualité qui se fait rare à Dublin. (51 S Great George's St ; 10h30-23h30 lun-jeu, 10h30-0h30 ven-sam, 12h30-23h dim ; ts ceux du centre-ville)

Against the Grain

BIÈRE ARTISANALE

16 PLAN P. 46, B6

Excellent pub pour les amateurs de bières artisanales puisqu'il appartient à la Galway Bay Brewery, et propose un choix étourdissant de bières. Les serveurs n'hésitent pas à vous faire goûter pour vous aider à choisir. Si vous y restez longtemps, vous pouvez commander des ailes de poulet pour vous rassasier. (galwaybaybrewery.com/againstthegrain ; 11 Wexford St ; 12h-minuit lun-jeu et dim, 12h-1h ven-sam ; ts ceux du centre-ville)

9 Below

BAR

17 PLAN P. 46, D4

Ce somptueux bar, niché dans une cave aux vieilles voûtes et recoins douillets de St Stephen's Green, est parfait pour prendre un cocktail. La carte des whiskeys est dense, mais gare à ce que vous commandez : un verre du breuvage le plus cher, le Midleton Pearl 30th Anniversary, coûte 1 200 € ! Il est recommandé de réserver. (01-905 9990; www.9below.ie ; 9 St Stephen's Green ; 17h-tard mer-sam ; ts ceux du centre-ville)

J. O'Connell

PUB

18 PLAN P. 46, C8

Probablement le bar le plus rustique et le plus chaleureux de Dublin, ce lieu authentique prisé des habitants du quartier et des habitués offre une sélection intéressante de bières à la pression. Bonne ambiance et pas de chichis. (01-475 3704 ; 29 S Richmond St ; 16h-23h30 lun-jeu, 16h-0h30 ven-sam, 16h-23h dim ; 14, 15, 44, 65, 140, 142 depuis le centre)

P.Mac's

BAR

19 PLAN P. 46, B3

Des meubles rétro dépareillés, des verres à pinte américains et un fond musical des années 1990 dessinent le cadre de ce repaire bohème proposant une trentaine de bières artisanales à la pression. (facebook.com/pmacspub ; 30 Lower Stephen St ;

12h-minuit dim-jeu, 12h-1h ven-sam ; ts ceux du centre-ville)

Farrier & Draper

BAR, CLUB

Dans le bâtiment du XVIIIe siècle du centre commercial Powerscourt Townshouse (voir 30 Plan p. 46, D2), ce bar opulent combine style georgien (hauts plafonds voûtés et murs tapissés de tableaux) et décor du temps de la prohibition. Le somptueux Epic Bar occupe le rez-de-chaussée, et un bar-club ouvert tard le soir prend place à l'étage, dans les anciens appartements privés de Lady Powerscourt. Il y a aussi un restaurant italien, La Cucina, au sous-sol. (01-677 1220 ; www.farrieranddraper.ie ; Powerscourt Townhouse, 59 South William St ; 12h-23h ; ts ceux du centre-ville)

The Stag's Head

PUB

20 PLAN P. 46, C2

Construit en 1770, réaménagé en 1895 et par bonheur inchangé depuis lors, ce superbe pub est si pittoresque qu'il figure dans nombre de films et sur un timbre poste d'une série consacrée aux bars irlandais. Bref, du tonnerre ! (01-679 3687 ; stagshead.ie ; 1 Dame Ct ; 10h30-23h lun-jeu, 10h30-1h ven-sam, 12h30-23h dim ; ts ceux du centre-ville)

The George

BAR GAY

21 PLAN P. 46, B2

Pionnier des bars gays, George, habillé de pourpre, a longtemps

The Long Hall

National Concert Hall (page ci-contre)

été le seul établissement où les homosexuels pouvaient s'afficher librement. Bondé le dimanche pour la légendaire soirée bingo de Shirley, et le mercredi, où c'est soirée Space N'Veda, pour une nuit cabaret et drag-queen. (01-478 2983 ; www.thegeorge.ie ; 89 South Great George's St ; lun-jeu gratuit, ven après 20h 8-10 €, sam après 20h 10 €, dim et jours fériés après 21h 5 € ; 12h30-3h lun-sam, 12h30-1h dim ; ts ceux du centre-ville)

Clement & Pekoe

CAFÉ

22 PLAN P. 46, C3

Voici notre café favori à Dublin. Parquet en noyer, lustres Art déco et jolies boîtes à thé ornant tout un pan de mur composent le cadre sympathique de cette version contemporaine d'un salon de thé édouardien. Vaste choix de thé en feuilles, cafés soigneusement préparés et gâteaux. De quoi se régaler. (www.clementandpekoe.com ; 50 South William St ; 9h-17h lun-sam, 11h-17h dim ; ts ceux du centre-ville)

Sortir

Whelan's

CONCERTS

23 PLAN P. 46, B7

Berceau spirituel des *songwriters* locaux, cette salle de concerts de taille moyenne, adjacente à un bar traditionnel, est sans doute la plus populaire de Dublin. Il n'est pas rare de voir les artistes prendre un verre avec leurs fans après la représentation. (01-478 0766 ;

www.whelanslive.com ; 25 Wexford St ; 16, 122 depuis le centre-ville)

Devitt's

MUSIQUE LIVE

24 PLAN P. 46, B7

Devitt's, alias le Cusack Stand, fait partie des salles privilégiées par les musiciens de talent qui se produisent à Dublin. Concerts de qualité vivement recommandés. (01-475 3414 ; www.devittspub.ie ; 78 Camden St Lower ; concerts à partir de 21h30 lun-jeu, 22h-1h ven-sam, 14h-minuit dim ; 14, 15, 65, 83)

National Concert Hall

CONCERTS

25 PLAN P. 46, E8

La plus importante salle de concerts d'Irlande accueille toutes sortes de concerts l'année durant. (01-417 0000 ; www.nch.ie ; Earlsfort Tce ; ts ceux du centre-ville)

Shopping

Chupi

BIJOUX

26 PLAN P. 46, C3

Somptueux bijoux modernes inspirés des paysages irlandais que s'arrachent les fashionistas de la ville. Vous trouverez aussi dans cette jolie boutique vêtements et accessoires de créateurs irlandais. (01-555 4644 ; www.chupi.com ; Powerscourt Townhouse, 59 South William St ; 10h-18h lun-sam, 12h-17h dim, sam sur rdv uniquement ; ts ceux du centre-ville)

Irish Design Shop

MODE, MAISON

27 PLAN P. 46, C2

Clare Grennan et Laura Caffrey présentent dans leur boutique des articles originaux – des bijoux aux ustensiles de cuisine – réalisés avec art. Si vous cherchez un souvenir ou un cadeau stylé *made in* Dublin, vous le trouverez sûrement ici. (01-679 8871 ; www.irishdesignshop.com ; 41 Drury St ; 10h-18h lun-sam, 13h-17h dim ; ts ceux du centre-ville)

Avoca Handweavers

ARTISANAT

28 PLAN P. 46, D2

Associant habillement et articles de maison, Avoca incarne un art de vivre simple, moderne et chic à l'irlandaise. Beaucoup de ses vêtements sont tissés, noués et teints naturellement dans l'usine de la marque à Wicklow. Mention spéciale pour le formidable rayon enfant. Hall de restauration au sous-sol et excellent **café** (plats 7,50-24,95 € ; 9h-16h lun-sam, 10h-16h dim) au dernier étage. (01-677 4215 ; www.avoca.ie ; 11-13 Suffolk St ; 9h-18h lun-sam, 10h-18h dim ; ts ceux du centre-ville)

Sheridan's Cheesemongers

ALIMENTATION

29 PLAN P. 46, E3

Kevin et Seamus Sheridan ont pour ainsi dire fait renaître la tradition fromagère irlandaise dans ce paradis pour amateurs de fromages.Plusieurs enseignes en ville. (01-679 3143 ; www.

sheridanscheesemongers.com ; 11 South Anne St ; 10h-17h lun-ven, 10h-18h sam ; ts ceux du centre-ville, Dawson)

Powerscourt Townhouse

CENTRE COMMERCIAL

30 PLAN P. 46, D2

Ce centre commercial dédié au shopping chic occupe une demeure georgienne construite entre 1741 et 1744, rénovée avec soin. Aujourd'hui, il est connu pour ses cafés et restaurants, et abrite aussi des boutiques de design, d'objets artisanaux de qualité et d'accessoires chics. (01-679 4144 ; www.powerscourtcentre.ie ; 59 South William St ; 10h-18h lun-sam, 12h-18h dim ; ts ceux du centre-ville)

Article

MAISON ET DÉCO

Cette boutique du Powerscourt Townhouse Shopping Centre (voir 30 Plan p. 46, D2) vend de la vaisselle et des objets décoratifs de créateurs irlandais. Idéal pour dénicher des pièces uniques d'un goût sûr. (01-679 9268 ; article.ie ; 1er ét, Powerscourt Townhouse, S William St ; 10h30-18h lun-sam, 13h-17h dim ; ts ceux du centre-ville)

George's Street Arcade

GALERIE MARCHANDE

31 PLAN P. 46, C2

Dans cette élégante galerie marchande, mélangeant les styles gothique et victorien, on trouve le meilleur marché non alimentaire de Dublin. Outre des magasins et stands qui vendent

George's Street Arcade

MATTHI / ADOBE STOCK ©

vêtements neufs et d'occasion, vieux livres, chapeaux, posters, bijoux et disques, on y trouve des en-cas raffinés et des *fish and chips* qui déplacent les foules. (georgesstreetarcade.ie ; entre South Great George's St et Drury St ; 9h-18h lun-mer, 9h-19h jeu-sam, 12h-18h dim ; ts ceux du centre-ville)

Ulysses Rare Books

LIVRES

32 PLAN P. 46, E3

Notre librairie favorite à Dublin propose une collection complète d'ouvrages sur l'Irlande. L'accent est mis sur la littérature irlandaise du XXe siècle et les éditions originales, notamment plusieurs raretés de monuments de la littérature, comme Joyce, Yeats, Beckett et Wilde. (01-671 8676 ; www.rarebooks.ie ; 10 Duke St ; 9h30-17h45 lun-sam ; ts ceux du centre-ville, Dawson)

Barry Doyle Design Jewellers

BIJOUX

33 PLAN P. 46, C3

À l'étage du centre commercial, la boutique de Barry Doyle est l'une des meilleures du genre à Dublin. Créés à la main, les bijoux en or blanc avec pierres précieuses et semi-précieuses sont très réussis. Certaines pièces sont ornées de motifs celtiques. (01-671 2838 ; barrydoyledesign.com ; 30 George's St Arcade ; 11h-18h mar-sam ; ts ceux du centre-ville)

Conseils shopping

Les meilleures boutiques sont installées dans le dédale de rues entre Grafton St et South Great George's St, où vous trouverez aussi d'intéressantes formules pour le déjeuner.

Costume

MODE

34 PLAN P. 46, C3

Considéré comme un véritable précurseur par les fashionistas dublinoises, Costume a des contrats exclusifs avec des créateurs comme Vivetta, Isabel Marant, Cédric Charlier ou Joseph. (01-679 4188 ; www.costumedublin.ie ; 10/11 Castle Market ; 10h-18h lun-sam ; ts ceux du centre-ville)

Louis Copeland

MODE

35 PLAN P. 46, D2

Réponse de Dublin aux célèbres tailleurs londoniens de Savile Row, cette boutique propose de fabuleux costumes sur mesure, ainsi qu'un grand choix de costumes en prêt-à-porter de stylistes internationaux. Autre **boutique** (01-872 1600 ; 9h-18h lun-sam, 12h-17h dim ; ts ceux du centre-ville, Jervis) au 39-41 Capel St . (01-677 7038 ; www.louiscopeland.com ; 18-19 Wicklow St ; 9h-18h lun-sam, 12h-17h dim ; ts ceux du centre-ville)

Explorer

Merrion Square et ses environs

L'élégante architecture de style georgien culmine autour des places Merrion et Fitzwilliam. Ces quartiers présentent un mariage heureux d'imposants bâtiments publics, musées, bureaux privés et résidences. C'est ici, au milieu des splendeurs néoclassiques édifiées dans le Dublin florissant du XVIIIe siècle, que vit et travaille la population aisée de la ville.

Notre sélection

- ***National Gallery (p. 62).*** *Découvrez les collections de cet éminent musée d'art.*
- ***Museum of Natural History (p. 67).*** *Ce vénérable muséum a peu changé depuis son ouverture au milieu du XIXe siècle.*
- ***National Museum of Ireland – Archaeology (p. 60).*** *Il conserve des trésors de la culture irlandaise.*
- ***O'Donoghue's (p. 71).*** *Un pub typique pour une soirée placée sous le signe de la musique et de la bière.*
- ***Scène gastronomique (p. 70).*** *Ce quartier rassemble certains des meilleurs restaurants de la ville.*

Comment y aller circuler

La plupart des bus traversant la ville vous conduiront sur place (ou à proximité).

L'arrêt DART le plus pratique est Pearse St (Pearse Station), avec entrée sur Westland Row.

Merrion Square se situe à moins de 500 m de St Stephen's Green (et de Grafton St).

Plan de Merrion Square et ses environs p. 66

Merrion Square (p. 67) FAITHIE / SHUTTERSTOCK ©

Les incontournables

National Museum of Ireland – Archaeology

La plus éminente institution culturelle du pays compte quatre sites, dont le principal est dédié à l'archéologie. Il réunit la plus remarquable collection européenne d'objets en or de l'âge du bronze et de l'âge du fer, ainsi que l'ensemble le plus complet au monde de ferronneries du début du Moyen Âge, sans oublier de captivants objets des époques préhistorique et viking.

PLAN P. 66, A3

www.museum.ie

Kildare St

Entrée libre

10h-17h mar-sam, 13h-17h lun et dim

Tts ceux du centre-ville

Trésor

Fleuron du musée, le Trésor a pour pièces maîtresses les célèbres **calice d'Ardagh** (XIIe siècle) et **broche de Tara** (vers 700). Le premier, chef-d'œuvre d'orfèvrerie en argent, or, cuivre, laiton et plomb, de 17,8 cm de haut et 24,2 cm de diamètre, constitue un bel exemple d'art insulaire, mêlant fonds celtique, influences romaines et orientales importées par le christianisme. La seconde, un fermail de vêtement, est en vermeil rehaussé de filigranes d'or et serti de verre, d'émail et d'ambre.

Ór – Ireland's Gold

Cette exposition permanente rassemble de remarquables bijoux et objets décoratifs en or réalisés par des artisans celtes des âges du bronze et du fer. Parmi eux figure le **Broighter Hoard** (trésor de Broighter), qui inclut un imposant torque en or du Ier siècle av. J.-C., et un navire miniature finement ciselé. Vous y verrez aussi la **trompette de guerre de Loughnashade** (Ier siècle av. J.-C.), en feuilles de bronze rivetées, qui mesure 1,86 m de long et se termine par un disque décoré de motifs en relief.

Kingship & Sacrifice

La collection "Kingship and Sacrifice" (Royauté et sacrifice) met en valeur des dépouilles datant de l'âge du fer. Les quatre *bog bodies*, exhumés de tourbières, affichent différents états de conservation, parfois frappants, et l'on aperçoit, ici ou là, une mèche de cheveux, le galbe d'une jambe ou des ongles encore intacts... Or, ce sont surtout les conditions entourant la mort – ritualisée et particulièrement pénible – de ces individus qui retiennent l'attention : les chercheurs pensent en effet que ces défunts auraient été des figures importantes de leur époque, sacrifiés à des fins propitiatoires.

★ À savoir

- Préférez une visite l'après-midi en semaine pour éviter la foule.

✕ Une petite pause ?

Pour prendre le thé l'après-midi ou bien un verre, direction le Horseshoe Bar de l'hôtel Shelbourne (p. 65).

Les incontournables

National Gallery

Une magnifique peinture du Caravage et d'autres chefs-d'œuvre européens, et une salle consacrée à l'œuvre de Jack B. Yeats sont les principales raisons de visiter la National Gallery. Créé à l'origine pour accueillir 125 tableaux, le musée a vu sa collection s'enrichir, essentiellement grâce à des donations, et renferme aujourd'hui plus de 13 000 peintures, aquarelles, dessins, gravures, photographies et sculptures.

PLAN P. 66, B2

www.nationalgallery.ie

Merrion Sq West et Clare St

Entrée libre

9h15-17h30 mar, mer, ven et sam, 9h15-20h30 jeu, 11h-17h30 dim-lun

4, 7, 8, 39A, 46A depuis le centre-ville

L'Arrestation du Christ

L'œuvre phare du musée est sans conteste l'*Arrestation du Christ* (1602) du Caravage (Michelangelo Merisi, dit le, v. 1571-1610), dans laquelle le sulfureux génie italien met littéralement en lumière la scène biblique, puisqu'il s'est représenté tenant la lanterne, à droite de la composition. Elle voisine avec des œuvres de Fra Angelico, de Titien et du Tintoret.

Art irlandais

L'accent est mis sur les peintures irlandaises, dont celles de William Orpen (*Sunlight*, 1925), Roderic O'Conor (*La Jeune Bretonne*, 1895) et Paul Henry (*The Potato Diggers*, 1912). Le peintre incontournable est Jack Butler Yeats (1871-1957), sans doute l'un des artistes irlandais les plus éminents du XXe siècle. Ne manquez pas d'explorer la **Yeats Room**, qui expose plus d'une trentaine de ses peintures ainsi que celles de son père John Butler Yeats (1839-1922). Parmi les plus belles, citons *The Liffey Swim* (1923), *Men of Destiny* (1946) et *Above the Fair* (1946).

The Vaughan Collection

Les 35 aquarelles de Joseph Mallord William Turner (1775-1851) léguées par le collectionneur anglais Henri Vaughan (1809-1899) ne sont exposées que durant le mois de janvier, période à laquelle la lumière hivernale les met particulièrement en valeur.

Chefs-d'œuvre européens

Nombre de chefs-d'œuvre de maîtres de l'art sont présentées ici, dont *Ecce Homo* (1558-1560) du Titien, *La Mulâtre* (1617-1618) de Velázquez, la *Femme écrivant une lettre et sa servante* (1670-1671) de Vermeer. Vous pourrez également admirer, entre autres, des œuvres d'Uccello, de Rembrandt, Gainsborough, Hogarth, Goya, Rodin et de Picasso.

★ À savoir

- Des ateliers artistiques pour les enfants sont organisés toute l'année, habituellement le samedi (détails sur le site Internet).
- Privilégiez la nocturne du jeudi car il y a moins de monde.

Une petite pause ?

- La Coburg Brasserie (p. 70), installée dans le Conrad Hotel se prête à un déjeuner chic.
- Prenez place chez Doheny & Nesbitt's (p. 73), pour discuter de votre visite autour d'une pinte.

Promenade à pied

Quartier georgien

Dublin est la ville de l'architecture georgienne par excellence, avec un très grand nombre d'édifices bâtis entre 1720 et 1814. Ce style architectural eut un tel impact sur la cité qu'il fit des émules pendant plus d'un siècle.

La promenade

Départ Kildare St

Arrivée National Gallery

Distance et durée
1,7 km, 1 heure

❶ Kildare St

Commencez votre promenade à l'extrémité nord de **Kildare St**. Le nom de cette rue renvoie à James Fitzgerald, duc de Leinster, qui, défiant les conventions du XVIIIe siècle, décida de construire son hôtel particulier au sud, défavorisé, de la Liffey. Il avait vu juste en prédisant : "Où que j'aille, la bonne société suivra."

❷ Leinster House

Juste après la **National Library of Ireland** (p. 69), conçue par Deane, se trouve la **Leinster House** (p. 68), édifice de style palladien commandé par Fitzgerald à Richard Cassels et construit entre 1745 et 1748. C'est là que siègent désormais les deux Chambres du Parlement irlandais. L'architecte de la Maison-Blanche, James Hoban, s'en est d'ailleurs inspiré.

❸ St Stephen's Green

En suivant la rue se dresse le **National Museum of Ireland – Archaeology** (p. 60), autre création de Deane, qui a ouvert ses portes en 1890 et préserve de précieux trésors de la culture irlandaise. Au bout de la rue s'étend **St Stephen's Green** (p. 48), le jardin public préféré des Dublinois.

❹ Merrion Street

Tournez à gauche sur Merrion Row et poursuivez votre chemin le long du jardin. Vous passerez devant l'hôtel **Shelbourne** (theshelbourne.com). Prenez de nouveau à gauche sur **Merrion St**. Sur votre droite, au n°24 de l'enfilade de belles demeures georgiennes se trouve la maison natale d'Arthur Wellesley, duc de Wellington, devenue l'hôtel le plus élégant de Dublin, le **Merrion** (www.merrionhotel.com).

❺ Museum of Natural History

Vous passerez ensuite devant les **bâtiments gouvernementaux** (p. 69), à gauche, où siège le gouvernement en place, puis arriverez sur l'arrière de Leinster House. Le petit bâtiment niché entre les deux est le **Museum of Natural History** (p. 67), ouvert en 1857.

❻ Merrion Square

Enfin, sur votre droite, vous apercevez **Merrion Square** (p. 67), jardin public le plus chic de Dublin, entouré de splendides maisons georgiennes. Leurs portes et impostes sont les plus photographiées de la ville. De nombreuses personnalités ont habité et vivent encore ici.

❼ National Gallery

Promenez-vous dans le square avant de vous diriger de nouveau vers West Merrion Sq et la **National Gallery** (p. 62), inaugurée en 1864. Pour un effet de symétrie, la façade est identique à celle du Muséum d'histoire naturelle.

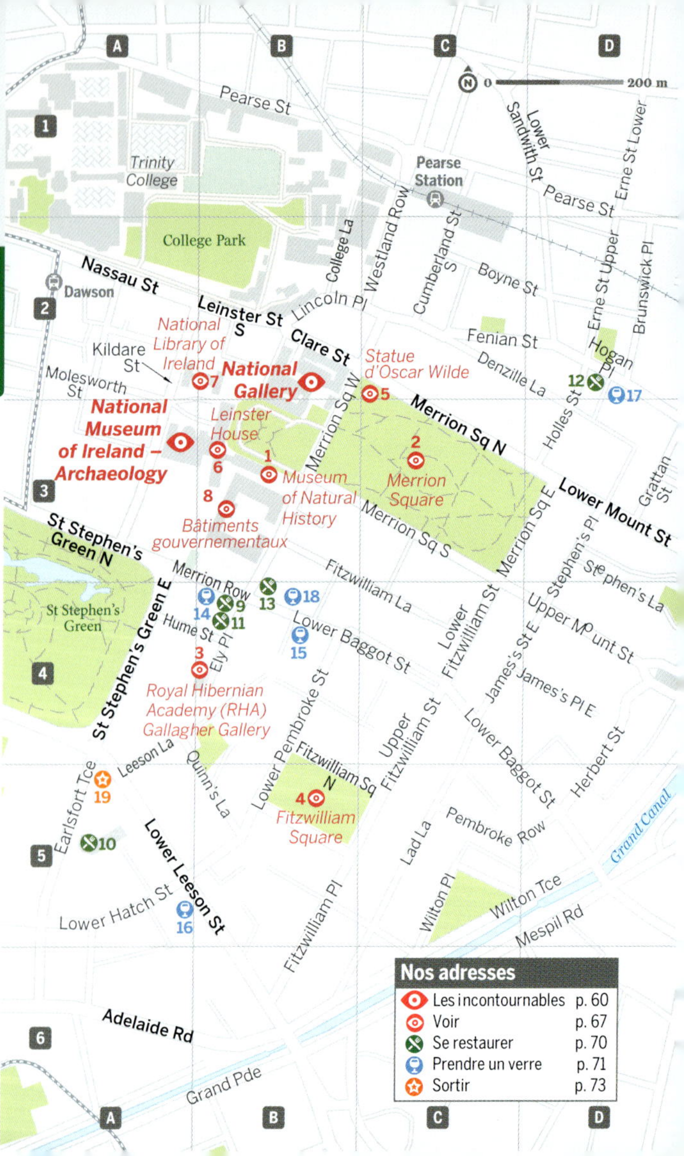
A
B
C
D
1
2
3
4
5
6
0
200 m
Pearse St
Trinity College
College Park
Nassau St
Dawson
Leinster St S
Clare St
Lincoln Pl
College La
Westland Row
Pearse Station
Cumberland St S
Lower Sandwith St
Pearse St
Erne St Lower
Erne St Upper
Brunswick Pl
Boyne St
Fenian St
Denzille La
Hogan Pl
Holles St
Grattan St
Kildare St
Molesworth St
National Library of Ireland
7
National Gallery
Statue d'Oscar Wilde
5
National Museum of Ireland – Archaeology
Leinster House
6
1
Museum of Natural History
2
Merrion Square
Merrion Sq N
Merrion Sq W
Merrion Sq S
Merrion Sq E
Lower Mount St
8
Bâtiments gouvernementaux
St Stephen's Green N
St Stephen's Green
St Stephen's Green E
Merrion Row
Fitzwilliam La
13
18
14
9
11
12
17
Hume St
Ely Pl
3
Royal Hibernian Academy (RHA) Gallagher Gallery
Lower Baggot St
15
Lower Fitzwilliam St
Stephen's Pl
Stephen's La
Upper Mount St
James's St E
James's Pl E
Upper Fitzwilliam St
Lower Baggot St
Herbert St
Lower Pembroke St
Fitzwilliam Sq N
4
Fitzwilliam Square
Leeson La
Quinn's La
Earlsfort Tce
19
10
Lower Leeson St
Pembroke Row
Lad La
Grand Canal
Wilton Pl
Wilton Tce
Mespil Rd
Lower Hatch St
16
Fitzwilliam Pl
Adelaide Rd
Grand Pde
Nos adresses
Les incontournables p. 60
Voir p. 67
Se restaurer p. 70
Prendre un verre p. 71
Sortir p. 73

Voir

Museum of Natural History

MUSÉUM

1 PLAN P. 66, B3

Un peu vieillot mais réellement captivant, ce muséum d'histoire naturelle donne un bel aperçu de la période victorienne et de l'enthousiasme scientifique de l'époque, avec sa gigantesque collection d'animaux naturalisés et autres spécimens présentés. Il semble n'avoir quasiment pas changé depuis son ouverture en 1857 par le Dr David Livingstone (1813-1873), célèbre explorateur écossais qui disparut dans la jungle africaine, avant d'être retrouvé par l'explorateur Henry Morton Stanley. Lors de la rédaction de ce guide, le musée était temporairement fermé pour travaux. Renseignez-vous sur le site Internet. (01-677 7444 ; www.museum.ie ; Upper Merrion St ; entrée libre ; 10h-17h mar-sam, 13h-17h dim et lun ; 7, 44 depuis le centre-ville)

Merrion Square

PARC

2 PLAN P.66, C3

Le plus élégant et prestigieux des jardins publics georgiens de Dublin héberge depuis deux siècles de prestigieux résidents. Ses pelouses et parterres de fleurs bien entretenus sont entourés sur trois côtés de jolies maisons georgiennes aux portes colorées, avec parfois le charmant détail du gratte-pieds

Fascinants squelettes, Museum of Natural History

(permettant de retirer la boue de ses chaussures) sur le pas de la porte. (lever-coucher du soleil ; ts ceux du centre-ville)

Royal Hibernian Academy (RHA) Gallagher Gallery GALERIE

3 PLAN P. 66, B4

Cette galerie lumineuse, au bout d'une paisible rue de style georgien, est l'un des espaces d'art moderne et contemporain les plus prestigieux d'Irlande. Ses expositions de premier ordre méritent le détour. (01-661 2558 ; rhagallery.ie ; 15 Ely Pl ; entrée libre ; 11h-17h lun, mar et jeu-sam, 11h-18h30 mer, 12h-17h dim ; 11, 39A, 46A, 51X, 145 depuis le centre-ville)

Portail de la National Library of Ireland

DERICK HUDSON / SHUTTERSTOCK ©

Fitzwilliam Square PARC

4 PLAN P. 66, B5

La dernière des places georgiennes emblématiques de Dublin fut achevée en 1825. William Dargan (1799-1867), magnat des chemins de fer et fondateur de la National Gallery, vécut au n°2, et l'artiste Jack Butler Yeats au n°18. Elle abrite depuis 2017 un marché estival regroupant une dizaine de commerçants. (fermé au public ; 11, 46A, 145 depuis le centre-ville)

Statue d'Oscar Wilde STATUE

5 PLAN P. 66, C2

À l'angle nord-ouest de Merrion Square se dresse une flamboyante statue d'Oscar Wilde, qui grandit de l'autre côté de la rue, au n°1 (aujourd'hui occupé par l'American University de Dublin). L'écrivain est étendu sur un rocher, vêtu de son habituelle veste d'intérieur. À côté, une représentation de sa mère enceinte repose sur un socle arborant des mots d'esprit de l'auteur. (Merrion Sq ; lever-coucher du soleil ; 7 et 46A depuis le centre-ville)

Leinster House ÉDIFICE REMARQUABLE

6 PLAN P. 66, B3

Ici se réunit l'Oireachtas (Parlement irlandais). Cette résidence palladienne fut construite (1745-1748) pour James Fitzgerald, duc de Leinster et comte de Kildare, par Richard Cassels. Des **visites guidées** (10h30,

Doctes résidents

Merrion Square a toujours été très en vue des intellectuels dublinois. **Oscar Wilde** a passé sa jeunesse au n°1 North Merrion Square, qu'occupe désormais l'American College Dublin. **William Butler Yeats** (1865-1939) a vécu au n°52 East Merrion Square, et plus tard, de 1922 à 1928, au n°82 South Merrion Square. **George (AE) Russell** (1867-1935), qui se décrivait comme "poète, mystique, peintre et coopérateur" travaillait au n°84. Le grand "Libérateur" nationaliste, **Daniel O'Connell** (1775-1847) résida au n°58 à la fin de sa vie. L'Autrichien **Erwin Schrödinger** (1887-1961), qui remporta en 1933 le prix Nobel de physique, a occupé le n°35 de 1940 à 1956. Dublin compte aussi son lot d'écrivains fantastiques. **Joseph Sheridan Le Fanu** (1814-1873), auteur du grand classique de vampires *Camilla*, habitait ainsi au n°70.

11h30, 14h30 et 15h30 lun-ven) ont lieu pendant les sessions parlementaires (mais pas lors des séances). Vous pouvez obtenir un ticket d'entrée aux galeries d'observation. Les visites guidées étaient supendues pour une durée indéterminée à cause du COVID-19 lors de la rédaction de ce guide, renseignez-vous sur le site Internet. (Oireachtas Éireann ; 01-618 3271 ; www.oireachtas.ie ; Kildare St ; galeries d'observation 14h30-20h30 mar, 10h30-20h30 mer, 10h30-17h30 jeu nov-mai ; ts ceux du centre-ville)

National Library of Ireland MONUMENT HISTORIQUE

7 PLAN P. 66, B2

La Bibliothèque nationale a été construite entre 1884 et 1890 par sir Thomas Newenham Deane. Sa vaste collection comprend manuscrits anciens, éditions originales et cartes. La salle de lecture, coiffée d'une coupole, où Stephen Dedalus, dans l'*Ulysse* de James Joyce, expose ses thèses sur Shakespeare, est l'attraction principale des lieux. On y trouve également un **service de conseil en généalogie** (9h30-17h lun-ven) au deuxième étage. (www.nli.ie ; Kildare St ; gratuit ; 9h30-17h lun-ven ; ts ceux du centre-ville)

Bâtiments gouvernementaux ÉDIFICE NOTABLE

8 PLAN P. 66, B3

Cet édifice édouardien a d'abord abrité, à compter de 1911, le Royal College of Science, avant d'être rénové pour accueillir le gouvernement, en 1989. Des visites guidées gratuites de 40 minutes permettent de découvrir le bureau du Taoiseach (Premier ministre), la Cabinet Room, l'escalier d'honneur et ses magnifiques vitraux – conçus par Evie Hone (1894-1955) pour l'Exposition universelle de New York de 1939. Vous pourrez obtenir des billets à partir de 9h30 le jour de votre visite à la National Gallery, entrée côté Clare Street. (www.taoiseach.gov.ie ; Upper Merrion St ; entrée libre ; visites guidées 10h30, 11h30 et 13h sam ; 7, 44 depuis le centre-ville)

Se restaurer

Etto

ITALIEN **€€**

9 PLAN P. 66, B4

Un restaurant-bar à vins primé qui propose des versions actualisées de classiques italiens. Le chef ne cuisine que des ingrédients de saison, la présentation est impeccable et le service irréprochable. Les portions sont chiches, mais la nourriture riche ne vous laissera pas sur votre faim. Seul problème : la rotation des clients trop rapide. On apprécierait de pouvoir s'y attarder avec un verre de son excellent vin. Réservation obligatoire. (01-678 8872 ; www.etto.ie ; 18 Merrion Row ; plats 24-32 € ; 17h-22h mar-jeu, 12h-15h et 17h30-22h ven-sam ; ts ceux du centre-ville

Coburg Brasserie

FRANÇAIS **€€**

10 PLAN P. 66, A5

Cette brasserie d'hôtel rénovée, d'inspiration française, met à l'honneur les fruits de mer. Au menu, toute la journée : huîtres, moules et plats à base de homard. La bouillabaisse est délicieuse, tout comme le hamburger aux crevettes et au crabe ainsi que la salade niçoise au thon jaune. Excellente adresse. (01-602 8900 ; www.thecoburgdublin.com ; Conrad Dublin, Earlsfort Tce ; plats 17-26 € ; 6h30-23h; ts ceux du centre-ville)

House

MÉDITERRANÉEN **€€**

Ce superbe bar (voir 17 plan p. 66, A5) propose quelques plats de résistance, mais il vaut surtout pour ses assiettes à partager de style tapas dignes représentantes de toute la méditerranée : risotto aux champignons sauvages, effiloché de porc, *halloumi* grillé, calamars au sel et au poivre... (01-905 9090 ; www.housedublin.ie ; 27 Lower Leeson St ; tapas 9-12 €, plats déj 19-26 €, plats dîner 22-38 € ; 8h-23h30 lun-jeu, 8h-tard ven, 11h-tard sam, 11h-18h dim ; 11, 46a, 118, 145 depuis le centre-ville)

Ely Wine Bar

IRLANDAIS MODERNE **€€**

11 PLAN P. 66, B4

D'excellentes assiettes de hamburgers faits maison, de joue de bœuf braisée pendant 9 heures ou de steaks grillés à la perfection sont servies dans ce restaurant en sous-sol. Tous les plats sont concoctés à base des produits bio de la ferme familiale, dans le comté de Clare. Ely tient un autre **restaurant** (CHQ Bldg, ISFC, Georges Dock ; George's Dock) dans les Docklands. (01-676 8986 ; www.elywinebar.ie ; 22 Ely Pl ; plats 12-34 € ; 17h-23h30 mer-jeu, 17h-0h30 ven, 15h-0h30 sam ; ts ceux du centre-ville)

Musashi Hogan Place
JAPONAIS **€€**

12 PLAN P. 66, D2

La troisième adresse de l'enseigne Musashi prépare les mêmes sushis, sashimis et makis authentiques que le premier **restaurant** (15 Capel St ; plats 13,95-18,99 € ; 12h-22h ; tous ceux du centre-ville, Jervis) du nom, sur la rive nord de la Liffey. (01-441 0106 ; www.musashidublin.com ; 48 Hogan Pl ; sushis 3,50-4,55 €, makis 6,95-8,99 €, plats 14,45-16,45 € ; 12h-22h dim-jeu, 12h-23h ven-sam ; 4, 7 depuis le centre-ville)

Restaurant Patrick Guilbaud
FRANÇAIS **€€€**

13 PLAN P. 66, B4

Ce restaurant étoilé est considéré comme l'un des meilleurs du pays. Le menu du déjeuner, innovant et magnifiquement présenté, est une authentique affaire pour une adresse gastronomique, profitez-en ! Bien entendu, la réservation est indispensable. (01-676 4192 ; www.restaurantpatrickguilbaud.ie ; 21 Upper Merrion St ; menu déj 3 plats 90 €, menu à la carte 2/3/4 plats 110/140/160 €, menu dégustation 8 plats 225 € ; 12h30-14h30 et 19h-22h30 mar-sam ; 7, 46a depuis le centre-ville)

Prendre un verre

O'Donoghue's
PUB

14 PLAN P. 66, B4

Le pub où le célèbre groupe folk The Dubliners se fit un nom dans les années 1960 programme toujours des concerts chaque soir.

O'Donoghue's

Livres sur Dublin

La Trilogie de Barrytown (Roddy Doyle, 1992). Très appréciée, la trilogie de Doyle relate l'histoire de la famille Rabbitte, issue de la classe ouvrière du nord de Dublin. Les trois romans – *The Commitments* (1987), *The Snapper* (1990) et *The Van* (1991) – ont été publiés ensemble en 1992.

Vera (Karl Geary, 2017). Histoire de la tumultueuse relation entre Sonny, adolescent, et Vera, plus âgée, qui se déroule dans le quartier de Monkstown, au sud de la ville, et convoque le Dublin des années 1980.

Gens de Dublin (James Joyce, 1914). Dublin sert de socle à ces quinze nouvelles ; chroniques des labeurs de la capitale et de sa classe moyenne au début du XXᵉ siècle.

Conversations entre amis (Sally Rooney, 2017). Remarquable récit qui s'articule autour de quatre personnages – Frances, écrivain en herbe, Bobbi, son ex, et un couple marié plus âgé, Nick et Melissa – dans un Dublin au lendemain de la crise économique.

La clientèle vient aussi pour les excellentes pintes et l'ambiance. (www.odonoghues.ie ; 15 Merrion Row ; 10h-minuit lun-jeu, 10h-1h ven-sam, 11h-minuit dim ; ts ceux du centre-ville)

Toner's

PUB

15 PLAN P. 66, B4

Les dalles en pierre et les arrière-salles à l'ancienne évoquent un pub de campagne inchangé par le temps, tandis que les étagères et tiroirs rappellent qu'il s'agissait jadis d'une épicerie. Un confortable espace en plein air, le Toner's Yard, s'étend à côté. (01-676 3090 ; www.tonerspub.ie ; 139 Lower Baggot St ; 10h30-23h30 lun-jeu, 10h30-0h30 ven-sam, 11h30-23h30 dim ; 7, 46a depuis le centre-ville)

House

BAR

16 PLAN P. 66, A5

Installée dans deux hôtels particuliers de style georgien, House pourrait bien être le plus beau bar moderne de Dublin. Les canapés douillets et les feux de cheminée en hiver composent un cadre très cosy. Au milieu, un espace en plein air vitré diffuse par beau temps une jolie lumière naturelle. Une excellente carte complète le tout. (01-905 9090 ; housedublin.ie ; 27 Lower Leeson St ; 8h-23h30 lun-jeu, 8h-tard ven, 11h-tard sam, 11h-18h dim ; 11, 46a, 118, 145)

Square Ball

BAR

17 PLAN P. 66, D2

Il y en a ici pour tous les goûts : bières artisanales et cocktails dans le bar, à l'avant, sport et barbecue à l'arrière, et salle de jeux vidéo rétro à l'étage. (01-662 4473 ; www.the-square-ball.com ; 45 Hogan Pl ; 12h-23h30 mer-jeu, 12h-1h30 ven-dim ; 4, 7 depuis le centre-ville)

Doheny & Nesbitt's

PUB

18 PLAN P. 66, B4

Adresse d'exception, y compris dans cette ville emplie de pubs hors du commun, Nesbitt's séduit par ses alcôves anciennes. Leinster House, siège du Parlement de l'État irlandais, n'est qu'à quelques pas, aussi il n'est pas rare d'y voir des hommes politiques et des journalistes. (01-676 2945 ; www.dohenyandnesbitts.ie ; 5 Lower Baggot St ; 9h-0h30 lun-mar, 9h-1h mer-jeu, 9h-2h ven, 9h30-2h sam, 10h30-minuit dim ; ts ceux du centre-ville)

Sortir

Sugar Club

CONCERTS

19 PLAN P. 66, A5

Une grande variété de concerts, soirées et projections de films se jouent dans cette salle à l'ambiance intimiste, à l'angle de St Stephen's Green. (01-678 7188 ; www.thesugarclub.com ; 8 Lower Leeson St ; 7-20 € ; 18h-23h30 lun-jeu, 19h-3h ven-sam, 19h-23h30 dim ; 7, 46a depuis le centre-ville)

Statue d'Oscar Wilde, Merrion Square (p. 68)

THE TEMPLE BAR
TRADING CO.
DISTILLERY
STORE
THE
TEMPLE
BAR

Explorer

Temple Bar

On vient dans les rues pavées de Temple Bar, le coin le plus connu de Dublin, pour faire la fête, surtout les week-ends d'été, quand les bars bondés débordent sur les trottoirs. En journée, les boutiques et les galeries d'art confèrent un peu de réalité à son surnom souvent moqué de "quartier culturel".

Notre sélection

- ***Temple Bar Food Market (p. 83).*** *Goûtez aux excellents produits du marché le plus palpitant de Dublin.*
- ***Christ Church Cathedral (p. 76).*** *La superbe cathédrale est particulièrement impressionnante.*
- ***Dublin Musical Pub Crawl (p. 81).*** *Un avant-goût de la musique traditionnelle irlandaise.*
- ***Gutter Bookshop (p. 87).*** *Cette petite librairie de quartier est un bonheur pour les amoureux des livres.*

Comment y aller et circuler

Temple Bar se trouve en plein cœur de la ville. Tous les bus qui traversent Dublin vous déposeront près des rues pavées, pour la plupart piétonnes.

Temple Bar est facilement accessible à pied depuis Grafton St au sud-est, Kilmainham à l'ouest et la rive nord de la Liffey.

Plan de Temple Bar p. 80

Pub The Temple Bar (p. 86) POPA IOANA MIRELA / SHUTTERSTOCK ©

Les incontournables

Christ Church Cathedral

Sa situation élevée et ses arcs-boutants élancés en font la plus photogénique des trois cathédrales de Dublin, ainsi que l'un des monuments les plus emblématiques de la ville.

PLAN P. 80 A4

christchurchcathedral.ie

Christ Church Pl

Tarif plein/réduit/-12 ans
10/8,50/3,50 €
avec Dublinia
18/15,75/9,50 €

Salle capitulaire et mur nord

Au niveau de l'entrée sud-est, dans la cour de l'église, vous verrez les ruines de la **salle capitulaire**, qui date de 1230. L'**entrée principale** de la cathédrale se trouve à l'angle sud-ouest, et une fois à l'intérieur, vous serez face au **mur nord** d'origine. Ce dernier a survécu à l'effondrement de la partie sud, mais a lui aussi souffert de l'affaissement des fondations (une bonne partie de l'église a été construite sur une tourbière). À l'extrémité est, il penche nettement.

Tombe de Strongbow

Le gisant en armure sur cette tombe, située dans l'aile sud, passe pour être l'effigie de Strongbow (1130-1176), chef de guerre anglo-normand. Il s'agirait plus probablement de celle du duc de Drogheda, mais une partie de la dépouille de l'illustre guerrier aurait été enterrée ici. La légende veut que l'étrange personnage allongé à ses côtés représente le fils de Strongbow, coupé en deux par son propre père pour son manque de bravoure au combat.

Transept

La magnifique **tombe baroque du XIXe siècle du comte de Kildare** se trouve dans le bras sud du transept. Son petit-fils, lord Edward Fitzgerald, était membre des United Irishmen (Irlandais unis). Il est mort lors du soulèvement de 1798. L'entrée de la **Chapel of St Laurence** se trouve en retrait du bras sud du transept et conserve deux effigies ; l'une d'elles serait l'épouse ou la sœur de Strongbow.

Crypte

Dans la crypte se trouve une vitrine abritant un chat et un rat momifiés (appelés Tom et Jerry), qui s'étaient retrouvés coincés dans un orgue dans les années 1860 !

★ À savoir

- Le billet combiné incluant le musée Dublinia est avantageux pour les familles avec enfants.
- Des messes chantées, parfois splendides, ont lieu chaque semaine dans la cathédrale ; consultez le site Internet.

Une petite pause ?

Pour savourer une bonne pâtisserie avec un café, rendez-vous chez The Queen of Tarts (p. 84). Si le quartier offre l'embarras du choix en matière de pubs, le Temple Bar (p. 86) fait figure d'institution.

★ Horaires et transports

10h-17h lun-sam, 13h-15h dim tte l'année, horaires plus tardifs mars-oct

50, 50A, 56A depuis Aston Quay, 54, 54A depuis Burgh Quay

Promenade à pied

Les trésors cachés de Temple Bar

Temple Bar étant le quartier touristique de Dublin par excellence, il est parfois difficile d'y vivre des expériences authentiques. Mais les rues pavées abritent de nombreuses boutiques qui proposent des articles locaux, vêtements ou alimentation.

La promenade

Départ Crown Alley

Arrivée Vieille ville

Distance et durée 850 m, 1 heure

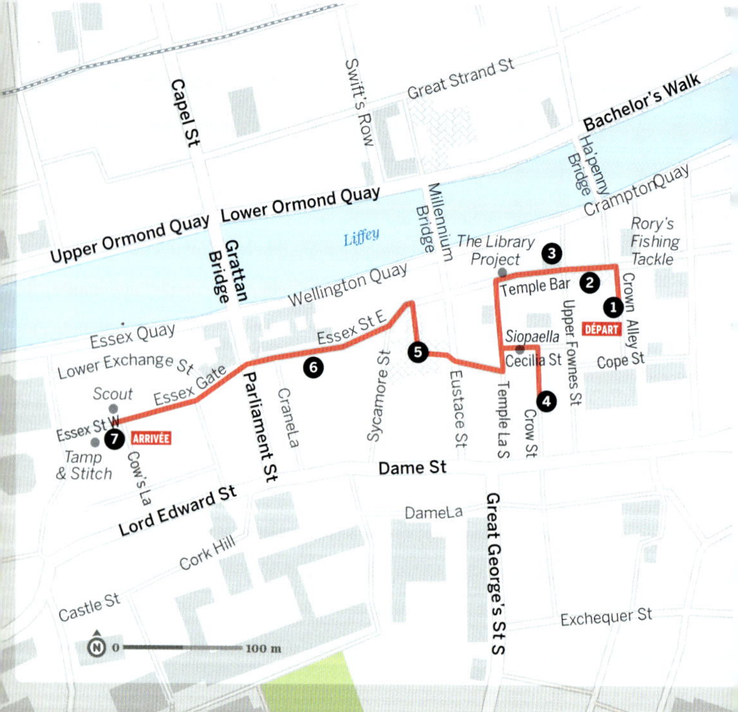

❶ Crown Alley

Depuis l'arrière de la Central Bank, Crown Alley s'étend au nord jusqu'à Temple Bar Square. Admirez l'immense fresque de style Art nouveau sur le pignon du Blooms Hotel, représentant Leopold Bloom et Buck Mulligan, personnages de l'*Ulysse* de Joyce.

❷ Temple Bar Square

Le week-end, la place accueille un **marché aux livres** (Temple Bar Book Market ; Temple Bar Sq ; 11h-18h sam-dim ; ts ceux du centre-ville), et un concert a souvent lieu. Les terrasses de cafés se remplissent alors d'une clientèle venue profiter du spectacle.

❸ Temple Bar

La rue s'étend d'est en ouest le long de l'extrémité nord de la place. Admirez des œuvres d'art contemporain au **Temple Bar Gallery + Studios** (01-671 0073 ; www.templebargallery.com ; 5-9 Temple Bar ; entrée libre ; 11h-18h mar-sam ; ts ceux du centre-ville) et documentez-vous sur la photographie actuelle au **Library Project** (089-705 878 ; tlp.photoireland.org ; 4 Temple Bar ; 11h-18h lun-ven, 12h-18h sam-dim ; ts ceux du centre-ville).

❹ Crow Street

L'**All City Records** est l'un des meilleurs disquaires de dance de la ville. L'angle nord-ouest appartient à **Siopaella**, l'empire grandissant de la mode vintage.

❺ Meeting House Square

Depuis Cecilia Street, dirigez-vous vers l'ouest, puis prenez Curved Street jusqu'à Meeting House Square. Là, tous les samedis, se tient le **marché fermier de Temple Bar**, le meilleur de Dublin. Vous y trouverez des vendeurs fiers de leur label biologique et local. Le dimanche, en été, la place accueille des concerts.

❻ Essex Street East

Continuez vers l'ouest le long d'Essex Street, devant **Connolly Books**, une librairie, plutôt orientée à gauche, sous le **New Theatre**, qui propose du théâtre expérimental. En face, le **Clarence Hotel** appartient au groupe U2, mais on ne les y a pas vus depuis plusieurs années.

❼ Vieille ville

Traversez Parliament Street et vous êtes dans la vieille ville. C'est là, à l'ouest de Temple Bar, que se trouvait Dublin à l'époque viking. Ironie du sort, les boutiques branchées dernier cri s'y sont installées, comme **Scout** et **Tamp & Stitch**. Détendez-vous autour d'un bon café.

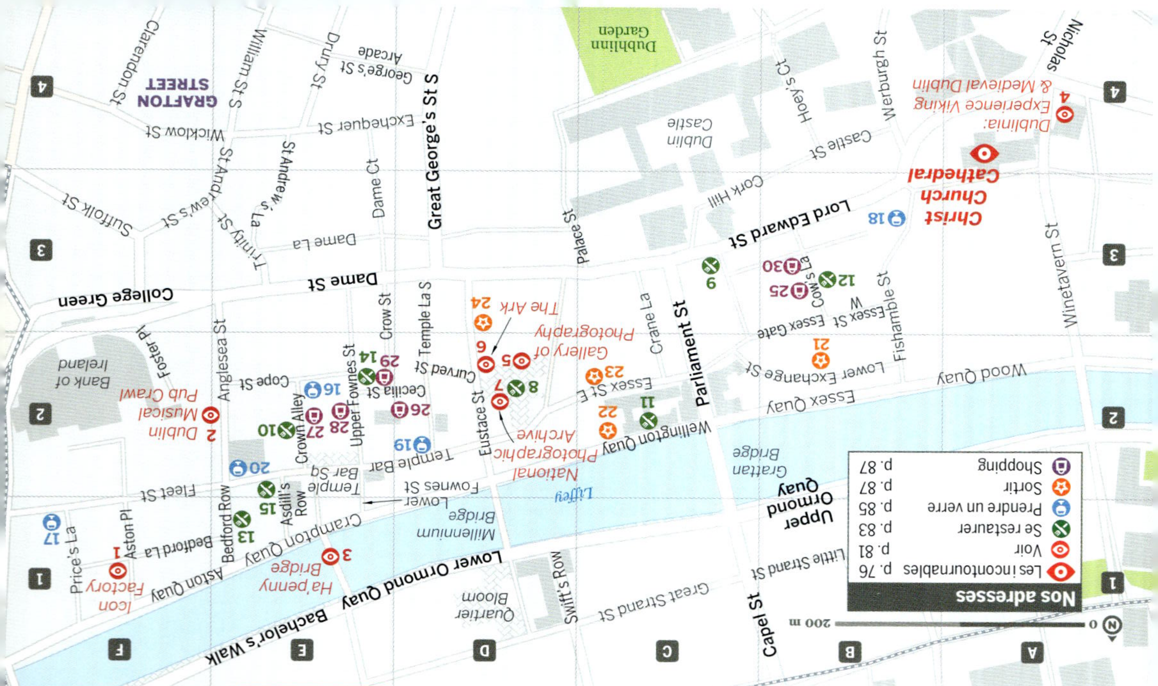
Nos adresses
Les incontournables p. 76
Voir p. 81
Se restaurer p. 83
Prendre un verre p. 85
Sortir p. 87
Shopping p. 87
200 m
Christ Church Cathedral
Dublinia: Experience Viking & Medieval Dublin
Icon Factory
Dublin Musical Pub Crawl
Ha'penny Bridge
National Photographic Archive
Gallery of Photography
The Ark
Dublin Castle
Dubhlinn Garden
Bank of Ireland
Temple Bar Sq
Millennium Bridge
Grattan Bridge
Quartier Bloom
Liffey
Bachelor's Walk
Lower Ormond Quay
Upper Ormond Quay
Aston Quay
Crampton Quay
Wellington Quay
Essex Quay
Wood Quay
Capel St
Parliament St
Dame St
College Green
Great George's St S
Lord Edward St
Temple Bar
Eustace St
Fleet St
Anglesea St
Grafton Street
Winetavern St
Fishamble St
Werburgh St
Castle St
Cork Hill
Palace St

Voir

Icon Factory

CENTRE D'ART

1 PLAN P. 80, F1

Ce collectif d'artistes installé au cœur de Temple Bar organise des expositions sur le patrimoine culturel de l'Irlande. Vous y trouverez des souvenirs pittoresques célébrant le meilleur de la musique et de la littérature locales. Le produit des ventes va directement aux artistes. Le parcours **Icon Walk** vous fera quant à lui découvrir quelques Irlandais célèbres : dramaturges, stars du rock, acteurs et champions sportifs. (086 202 4533 ; www.iconfactorydublin.com ; 3 Aston Pl ; entrée libre ; 10h-18h ; ts ceux du centre-ville)

Dublin Musical Pub Crawl

CIRCUIT À PIED

2 PLAN P. 80, F2

L'histoire de la musique traditionnelle irlandaise et de son influence sur les styles actuels, expliquée et illustrée pendant 2 heures 30 (départ à 19h30) ou 3 heures (départ à 17h30, dîner 3 plats et danse irlandaise inclus) dans plusieurs pubs de Temple Bar par deux musiciens experts. Ces circuits, vivement recommandés, débutent au pub **Oliver St John Gogarty** (www.gogartys.ie ; 58-59 Fleet St ; 10h30-2h30 lun-sam, 12h-1h30 dim), à l'étage. (01-475 8345 ;www. musicalpubcrawl.com ; Anglesea St ; circuit 2 heures 30/3 heures 19/55 € ; 17h30 et 19h30 mer-sam avr-sept, 17h30 et 19h30 ven-sam oct-mars ; ts ceux du centre-ville)

Ha'penny Bridge

PONT

3 PLAN P. 80, E1

Construit en 1816, le pont le plus célèbre de Dublin est le Ha'penny Bridge, l'un des plus vieux ouvrages en fonte de ce type au monde. Il fut édifié pour remplacer les sept ferrys qui assuraient autrefois la navette entre les deux rives du fleuve. Officiellement appelé le Liffey Bridge, il doit son nom (contraction de *half penny*) au péage que les piétons devaient payer pour le traverser jusqu'en 1919 – pendant un temps, le péage fut d'un penny et demi et le pont était alors appelé le Penny Ha'penny Bridge. (ts ceux du centre-ville)

Dublinia : Experience Viking & Medieval Dublin

MUSÉE

4 PLAN P. 80, A4

Ajouté à la Christ Church Cathedral (p. 76) lors de la restauration de celle-ci à la fin du XIXe siècle, le vieux Synod Hall abrite Dublinia, tentative un peu kitsch de ressusciter le Dublin viking et médiéval. Malgré un côté désuet, les maquettes, les reconstitutions de rues et les expositions interactives remplissent bien leur rôle, du moins auprès des enfants. (01-679 4611 ; www.dublinia.ie ; Christ Church Pl ; tarif plein/réduit/enfant 12/11/7 €, avec la Christ Church Cathedral 18/15,75/9,50 € ; 10h-

Les délices du Temple Bar Food Market (page ci-contre)

17h30, dernière entrée 16h30 ; 49, 49A, 54A, 123 et 145)

Gallery of Photography PHOTO

5 PLAN P. 80, D2

Cette galerie consacrée à la photographie est située dans un espace à trois niveaux donnant sur Meeting House Square. Les expositions programmées sont de qualité. La boutique est bien fournie en livres de photographie en tout genre. (www.galleryofphotography.ie ; Meeting House Sq ; entrée libre ; 11h-17h mar-sam ; ts ceux du centre-ville)

The Ark CENTRE CULTUREL

6 PLAN P. 80, D2

Destiné aux enfants de 3 à 14 ans, ce centre culturel organise des activités par tranche d'âge, visant à stimuler l'intérêt des jeunes pour la science, l'environnement et l'art. Une scène en plein air accueille également des manifestations en été. (www.ark.ie ; 11a Eustace St ; ts ceux du centre-ville)

National Photographic Archive MUSÉE

7 PLAN P. 80, D2

Ces archives photographiques du milieu du XIXe siècle à nos jours font partie de la collection de la National Library. Elles sont consultables uniquement sur rendez-vous et avec un ticket lecture délivré sur le site principal de la bibliothèque (voir p. 69). (www.nli.ie ; Meeting House Sq ;

entrée libre ; 10h-16h mar-sam, dernière entrée 15h30 ; ts ceux du centre-ville)

Se restaurer

Temple Bar Food Market

MARCHÉ €

8 PLAN P. 80, D2

Tous les samedis, des *food trucks* s'installent sur cette petite place, répandant dans l'air des odeurs de pâtisseries, de hot-dogs, de curry végan et de crêpes. Ne manquez pas le bar à huîtres : vous pourrez en savourer une demi-douzaine avec un verre de blanc tout en observant les passants. (facebook.com/TempleBarFoodMarket ; Meeting House Sq ; 10h30-16h sam ; ts ceux du centre-ville)

Sano Pizza

PIZZERIA €

9 PLAN P. 80, C3

Fantastique et authentique pizza napolitaine – nous recommandons la pizza Sapori del Sud, à base de *nduja* épicé (salami de porc), saucisse au fenouil, brocoli et mozzarella. Le tout à prix malin. (01-445 3344 ; www.sano.pizza , 2 Upper Exchange St ; pizzas 6,90-13,50 € ; 12h-22h dim-mer, 12h-22h30 jeu, 12h-23h ven-sam ; ts ceux du centre-ville)

Klaw

FRUITS DE MER €

10 PLAN P. 80, E2

Le cadre sans prétention ne laisse rien présager du raffinement des fruits de mer dans l'assiette : huîtres irlandaises nature, accommodées ou flambées, pinces de crabe de Lambay Island accompagnées d'aïoli au yuzu ou demi-homard, rien ne déçoit. Excellente affaire, la formule "shuckNsuck" de l'happy hour propose les huîtres à 1,50 €. (01-549 2244 www.klaw.ie ; 5a Crown Alley ; plats 8-15 € ; 12h-21h lun, 12h-22h mar, mer et dim, 12h-23h jeu-sam ; ts ceux du centre-ville)

Un passé sulfureux

Les puristes regretteront peut-être que Temple Bar ne soit pas resté le quartier culturel que son nom laissait entendre, mais à bien des égards, il est resté fidèle à son héritage. Imaginez-vous en 1742, par exemple : alors que Haendel dirigeait la toute première représentation de son œuvre *Le Messie* à **Fishamble St**, juste en bas de la rue, dans Bagnio Slip – désormais Lower Fownes St – des hommes faisaient la queue pour un genre de distraction tout autre. Bagnio, du mot italien signifiant "bains", était alors devenu un mot synonyme de maison close, et Temple Bar en comptait beaucoup. Après tout, le plaisir charnel et celui de l'esprit ne sont pas si éloignés.

Bison Bar & BBQ

GRILL €

11 PLAN P. 80, C2

Bières, cocktails au whiskey et délicieuses grillades de style texan – accompagnées de *coleslaw* ou de macaronis au fromage – sont les spécialités de ce restaurant bruyant, où les chaises sont de véritables selles. Un bon endroit où manger, prendre un verre et s'amuser. (01-533 7561 ; www.bisonbar.ie ; 11 Wellington Quay ; plats 13,95-22,95 € ; 12h-22h ; ts ceux du centre-ville)

Queen of Tarts

CAFÉ-PÂTISSERIE €

12 PLAN P. 80, B3

Si l'adresse originale située au 4 Cork Hill a fermé, la plus grande enseigne située non loin est toujours ouverte. Ce ravissant café-pâtisserie prépare des tartes, des meringues, des crumbles, des cookies et des brownies savoureux, ainsi que des assiettes petit-déjeuner comme l'excellent bacon fumé/croquettes de pommes de terre et poireaux/œufs/tomates cerises. (01-633 4681 ; www.queenoftarts.ie ; 3-4 Cow's Lane ; plats 6,50-14 €, part de tarte 4,50 € ; 9h-17h mer-sam, 9h30-17h dim ; ts ceux du centre-ville)

Banyi Japanese Dining

JAPONAIS €€

13 PLAN P. 80, E1

C'est sans doute dans ce petit restaurant au cœur de Temple Bar qu'on mange la meilleure cuisine japonaise de Dublin, notamment des makis et des sushis divins. Les réfractaires au poisson cru pourront se rabattre sur d'excellents classiques ou, à midi, sur les bentos (boîtes repas). Pour dîner, mieux vaut réserver, surtout le week-end. (01-675 0669 ; banyijapanesedining.com ; 3-4 Bedford Row ; bento 12-16 €, petite/grande assiette de sushis 16/31,50 € ; 13h-21h30 dim-jeu, 13h-22h ven-sam ; ts ceux du centre-ville)

Seafood Cafe

FRUITS DE MER €€

14 PLAN P. 80, E2

Annexe du bistrot à fruits de mer Klaw (p. 83), le Seafood Cafe est un avant-poste plus spacieux où vous pourrez déguster du homard à l'ail et au beurre, de la lotte grillée ou du crabe de Lambay Island sur toast au levain beurré. Un délice. (01-515 3717 ; facebook.com/klawcafe ; 11 Sprangers Yard ; plats 17-24 € ; 8h-21h lun-jeu, 8h-22h ven, 11h-22h sam, 11h-21h dim ; ts ceux du centre-ville)

Elephant & Castle

AMÉRICAIN €€

15 PLAN P. 80, E2

Si vous avez envie d'ailes de poulet ou de sandwichs à la new-yorkaise, ce *diner* haut de gamme, installé de longue date à Temple Bar, est l'adresse qu'il vous faut. Préparez-vous à faire la queue, surtout le week-end, quand le lieu est assailli par de jeunes parents avec enfants et par des étudiants à la recherche d'un remède contre la gueule de bois. (01-533 7563 ; www.

elephantandcastle.ie ; 18 Temple Bar ; plats 14,95-24,95 € ; 12h-tard ; ts ceux du centre-ville)

Prendre un verre

Vintage Cocktail Club

BAR

16 PLAN P. 80, E2

Derrière une porte discrète et mal éclairée portant les initiales "VCC" se cache un bar à l'atmosphère de club privé londonien des années 1960. L'endroit a un tel succès le soir qu'il faut réserver une tranche de 2 heures 30, amplement suffisante pour siroter quelques cocktails et grignoter des amuse-bouches. (01-675 3547 ; www.vintagecocktailclub.com ; 15 Crown Alley ; 15h-0h30 lun-jeu, 15h-1h30 ven, 12h-1h30 sam-dim ; ts ceux du centre-ville)

Palace Bar

PUB

17 PLAN P. 80, F1

Avec ses miroirs et ses niches en bois, le Palace (ouvert depuis 1823) est l'un des plus grands pubs victoriens de Dublin et un pilier tenace contre la modernisation de ces 50 dernières années. Les écrivains Patrick Kavanagh et Flann O'Brien étaient autrefois des habitués. Il fut pendant longtemps le siège officieux de l'*Irish Times*. (01-671 7388 ; www.thepalacebardublin.com ; 21 Fleet St ; 10h30-23h30 lun-jeu, 10h30-0h30 ven-sam, 12h30-23h dim ; ts ceux du centre-ville)

Ha'penny Bridge (p. 81)

Lucy's Lounge (p. 88)

Darkey Kelly's Bar & Restaurant

PUB

18 PLAN P. 80, B3

L'ancienne demeure de la première tueuse en série irlandaise – Dorcas "Darkey" Kelly, condamnée au bûcher à Dublin en 1761 –en dispose désormais d'une excellente sélection de whiskeys et de bières artisanales – le bon compromis entre un bar à touristes de Temple Bar et un troquet plus authentique. Les pintes sont plutôt chères, mais l'ambiance est formidable, avec musique traditionnelle garantie. (083-346 4682 ; www.darkeykellys.ie ; 19 Fishamble St ; 10h30-23h30 lun-jeu, 10h30-0h30 ven-sam, 12h30-23h dim ; ts ceux du centre-ville)

Temple Bar

BAR

19 PLAN P. 80, D2

En pleine enclave touristique et d'ordinaire plein à craquer, le pub le plus photographié de Dublin (alias Flannery's), voire du monde, a tout pour plaire : musiciens traditionnels, ambiance animée et *beer garden*. (01-675 4340 ; www.thetemplebarpub.com ; 47-48 Temple Bar ; 10h30-1h dim-jeu, 10h30-2h sam-ven ; ts ceux du centre-ville)

Auld Dubliner

PUB

20 PLAN P. 80, E2

L'"Auld Foreigner", comme le surnomment les Dublinois qui ne le fréquentent que très peu, entretient un charme d'antan, qu'il a su préserver après quelques rénovations. C'est un bon endroit pour chanter et faire la fête. (01-677 0527 ; www.aulddubliner.ie ; 24-25 Temple Bar ; 10h30-23h30 lun-mar, 10h30-2h30 mer-sam, 12h30-23h dim ; ts ceux du centre-ville)

Sortir

Smock Alley Theatre — THÉÂTRE

21 PLAN P. 80, B2

Ce théâtre dans un bâtiment du XVIIe siècle superbement restauré programme nombre de spectacles très éclectiques (opéras, soirées "meurtre et mystère", marionnettes, pièces de Shakespeare...), souvent avec une option dîner. (billetterie 01-677 0014 ; www.smockalley.com ; 6-7 Lower Exchange St ; ts ceux du centre-ville)

Workman's Club — MUSIQUE LIVE

22 PLAN P. 80, C2

Dans l'ancien club des travailleurs de Dublin, cette salle combinée à un bar, pouvant accueillir 300 personnes, s'efforce de proposer une programmation variée loin des courants dominants, allant du cabaret électronique aux auteurs compositeurs. Après les concerts, des DJ prennent la relève et mixent du rockabilly, du hip-hop, de l'indé, et de la house entre autres. (01-670 6692 ; www.theworkmansclub.com ; 10 Wellington Quay ; à partir de 10 € ; 17h-3h ; ts ceux du centre-ville)

Project Arts Centre — THÉÂTRE

23 PLAN P. 80, C2

La salle la plus intéressante en matière d'avant-gardisme, qu'il s'agisse de théâtre, de danse, d'art vivant ou de cinéma. Ses trois espaces distincts lui confèrent une grande polyvalence. On ne sait jamais à quoi s'attendre, ce qui est amusant. (billetterie 01-881 9613 ; www.projectartscentre.ie ; 39 Essex St East ; 45 min avant l'horaire du spectacle ; ts ceux du centre-ville)

Irish Film Institute — CINÉMA

24 PLAN P. 80, D3

L'IFI compte plusieurs salles et programme des classiques ainsi que des films d'art et d'essai récents. Ce lieu accueille aussi un bar, un café et une librairie. (IFI ; 01-679 5744 ; www.ifi.ie ; 6 Eustace St ; 11h-23h ; ts ceux du centre-ville)

Shopping

Gutter Bookshop — LIVRES

25 PLAN P. 80, B3

Tirant son nom de la célèbre phrase d'Oscar Wilde dans *L'Éventail de Lady Windermere* : "Nous sommes tous dans le caniveau (*gutter*), mais certains d'entre nous regardent les étoiles", cette formidable librairie indépendante vend romans, livres pour enfants, littérature de voyage. (01-679 9206 ; www.gutterbookshop.com ; Cow's Lane ; 10h-18h30 lun-sam, 12h-18h dim ; ts ceux du centre-ville)

KP / ALAMY STOCK PHOTO ©

Cow's Lane Designer Mart (page ci-contre)

Claddagh Records MUSIQUE

26 PLAN P. 80, D2

Une excellente collection de musique traditionnelle et folklorique de qualité constitue la base de ce disquaire du centre-ville. Le personnel fort compétent vous aidera à retrouver jusqu'à l'enregistrement le plus méconnu. Vous trouverez également un honorable rayon consacré aux musiques du monde. Il y a aussi un magasin en ligne. Lors de la rédaction de ce guide, la boutique était temporairement fermée à cause du COVID-19, renseignez-vous en ligne pour la réouverture. (01-677 0262 ; www.claddaghrecords.com ; 2 Cecilia St ; 10h-18h lun-sam, 12h-18h dim ; ts ceux du centre-ville)

Jam Art Factory DESIGN

27 PLAN P. 80, E2

Cette petite boutique insolite d'art et de design est parfaite pour se faire plaisir et pour l'achat de souvenirs : cadeaux nostalgiques, humoristiques ou posters colorés représentant des paysages dublinois iconiques. (01-616 5671 ; www.jamartfactory.com ; 14 Crown Alley ; 10h-18h ; ts ceux du centre-ville)

Lucy's Lounge VINTAGE

28 PLAN P. 80, E2

Traversez la boutique et descendez l'escalier qui mène au sous-sol dans une véritable caverne d'Ali Baba remplie de vêtements vintage. Vous en ressortirez sans doute triomphant avec une pièce unique qui donnera de l'éclat à votre garde-robe. Le personnel très sympa sait où trouver ce que vous cherchez. (☎01-677 4779 ; facebook.com/LucysLoungeDublin ; 11 Lower Fownes St ; 🕑12h-18h jeu-sam, 14h-18h dim ; 🚌ts ceux du centre-ville)

Siopaella Designer Exchange

VINTAGE

29 🛍 PLAN P. 80, E2

Une boutique d'occasion unique à Dublin : ici, on trouve de superbes vêtements vintage, mais aussi de la maroquinerie de luxe (sacs Chanel, Gucci, Louis Vuitton, Burberry). Vous trouverez une annexe dans **Wicklow St** (☎01-558 1389 ; 29-30 Wicklow St ; 🕑10h-18h lun-mer, 10h-19h jeu, 10h-18h ven-sam, 12h-18h dim ; 🚌ts ceux du centre-ville), davantage spécialisée dans les pièces de créateurs. (☎01-532 1477 ; www.siopaella.com ; 8A Crow St ; 🕑12h-18h dim-mer, 12h-19h jeu, 11h-18h ven-sam, ; 🚌ts ceux du centre-ville)

Cow's Lane Designer Mart

MARCHÉ

30 🛍 PLAN P. 80, B3

Un marché tendance qui rassemble les meilleurs stands de vêtements, accessoires et artisanat de la ville. De juin à septembre, il se tient sur Cow's Lane. Le reste de l'année, il se déplace au **St Michael's and St John's Banquet Hall** (🕑oct-mai), au coin de la rue. Vous y trouverez les vêtements novateurs de Drunk Monk, des tee-shirts punk, des sacs à main rétro, les bijoux fantaisie de Kink Bijoux et des habits originaux pour les bébés. (www.facebook.com/DesignerMart/ ; Cow's Lane ; 🕑10h-17h sam ; 🚌ts ceux du centre-ville)

Explorer
Kilmainham et les Liberties

Les quartiers les plus anciens et traditionnels de la capitale, à l'ouest du centre-ville, recèlent quelques sites majeurs, en particulier la très populaire brasserie Guinness, ainsi que, dans les Liberties, St Patrick's Cathedral, la plus importante des trois cathédrales de Dublin et, plus à l'ouest, une prison victorienne qui joua un rôle central dans l'histoire du pays.

Notre sélection

- ***Kilmainham Gaol (p. 96).*** *Le nom de cette prison du XVIII*[e] *siècle reste gravé dans l'histoire de l'indépendance de l'Irlande.*
- ***Guinness Storehouse (p. 92).*** *Presque un passage obligé pour connaître l'histoire de cette bière et celle de la ville.*
- ***Teeling Distillery (p. 102).*** *S'initier aux secrets du whiskey irlandais dans cette distillerie récente.*
- ***St Patrick's Cathedral (p. 94).*** *Jonathan Swift est inhumé dans la cathédrale, dont il fut le doyen pendant plus de trente ans*
- ***Irish Museum of Modern Art (p. 102).*** *Un excellent musée d'art moderne et contemporain dans le cadre magnifique d'un ancien hôpital.*

Comment y aller et circuler

Le bus 56A depuis Aston Quay et le bus 54A desservent les cathédrales. Pour Kilmainham Gaol (ainsi que l'Irish Museum of Modern Art), prenez les bus 51D, 69, ou 79 depuis Aston Quay.

Plan de Kilmainham et les Liberties p. 100

Irish Museum of Modern Art (p. 102) GABRIELA INSURATELU / SHUTTERSTOCK ©

Les incontournables

Guinness Storehouse

La Guinness, mondialement connue, n'est pas seulement la marque emblématique d'une ville, elle est aussi un breuvage quasi spirituel à en croire ses légions d'amateurs de par le monde. Aussi, visiter le musée de la brasserie qui produit la célèbre bière s'apparente pour beaucoup à une sorte de pèlerinage.

PLAN P. 100, E3

guinness-storehouse.com

St James's Gate,
South Market St

tarif plein/réduit à partir de 22/10-19 €, Expérience Connaisseur 70 €

10h-19h dim-jeu,
10h-20h ven-sam

Musée

Site le plus visité de la ville, cet hommage multimédia à la Guinness est installé dans un ancien entrepôt à grain au cœur des 26 ha de la brasserie. Sur 7 niveaux, vous apprendrez tout sur la Guinness et l'histoire de la brasserie, ainsi que sur la méthode pour servir une pinte parfaite.

Bail original

Au rez-de-chaussée, une réplique du bail original – de 9 000 ans ! – d'Arthur Guinness est visible sous une dalle vitrée au sol. En parcourant les expositions, y compris celle rassemblant près de 70 ans de publicité, il devient évident que l'aura mythique associée par les Dublinois à la boisson a été diluée par cette entreprise aux actionnaires désormais exclusivement étrangers ; le brassage et la magie ont cédé la place au marketing.

The Gravity Bar

Quelles que soient vos éventuelles critiques sur le musée et le succès de la Guinness, elles s'évanouiront comme par magie quand vous serez arrivé au dernier étage du bâtiment, au sein du Gravity Bar, où l'on vous servira gratuitement un verre de Guinness. Le bar offre une vue splendide à 360° sur la ville, et la Guinness en elle-même frôle la perfection.

Expérience Connaisseur

Durant l'Expérience Connaisseur, un barman vous présente les quatre variantes de Guinness – Draught, Original, Foreign Extra Stout et Black Lager – avant de vous inviter à y goûter. Pour les amateurs et les experts en herbe.

Petit plus

Parmi les divertissements proposés, STOUTie, équivalent du *latte art*, permet de représenter votre portrait sur la mousse d'une pinte. À immortaliser en photo, bien sûr.

★ À savoir

- Attention, la dernière entrée pour le musée de la brasserie est 2 heures avant la fermeture (dernier accès 17h dim-jeu, 18h ven-sam) !

Une petite pause ?

- Le Legit Coffee Co (p. 104), à l'ombre de la Guinness Storehouse, prépare de bons sandwichs et un café encore meilleur. Pour quelque chose de plus fort, direction Arthur's (p. 107), un petit pub formidable.

★ Comment y aller

13, 40, 123 depuis Fleet St, James's

Les incontournables

St Patrick's Cathedral

Élevée à l'endroit même où saint Patrick aurait baptisé les chefs celtiques locaux, la cathédrale Saint-Patrick (XIIIe siècle) fait partie des sites chrétiens les plus anciens et les plus sacrés de Dublin.

PLAN P. 100, H3

www.stpatrickscathedral.ie

St Patrick's Close

Tarif plein/réduit 8/7 €

9h30-16h30 lun-ven, 9h-17h30 sam, 9h-10h30, 13h-14h30 et 16h30-17h30 dim mars-oct, 9h30-16h30 lun-ven, 9h-16h30 sam, 9h-10h30 et 13h-14h30 dim nov-fév

Tombe de Swift

En entrant dans la cathédrale par le porche sud-ouest, vous tomberez à droite sur les tombes de l'écrivain Jonathan Swift (1667-1745) et de sa bonne amie Esther Johnson, dite Stella. À proximité se trouvent leurs épitaphes en latin, écrites par Swift lui-même, ainsi qu'un buste de ce dernier.

Monument à Boyle

Ne manquez pas le monument érigé en 1632 par Richard Boyle, premier comte de Cork, et grand trésorier de la Couronne d'Irlande, en hommage à sa personne et à sa famille. La statue dans une niche en bas à gauche représente son fils Robert (1627-1691), le savant qui développa la loi de Boyle-Mariotte relative à la pression et au volume des gaz.

Puits de Saint-Patrick

À l'angle opposé est exposée une dalle en pierre gravée d'une croix, qui a servi à indiquer l'emplacement du puits de Saint-Patrick où (selon la légende) le saint patron de l'Irlande aurait baptisé les païens.

Porte de la Réconciliation

Dans le transept nord se trouve une porte devenue le symbole de la réconciliation car elle permit de mettre un terme à la lutte opposant les comtes de Kildare et d'Ormonde en 1492. Après une bataille qui eut lieu dans la cathédrale, le neveu d'Ormonde se barricada dans la salle capitulaire. Kildare, revenu à la raison, passa son bras dans un trou de la porte pour serrer la main de son adversaire, afin d'apaiser la situation. Son rival préféra la conciliation à l'amputation et lui serra la main. L'expression "chance your arm" (littéralement, "risquer son bras") entra dans le vocabulaire courant.

★ À savoir

- Pour contempler la cathédrale dans une atmosphère grandiose, assistez à la messe chantée à 11h15 le dimanche toute l'année ou à 9h en semaine durant la période scolaire.
- Les billets achetés à l'avance ne sont pas valables le dimanche de 10h45 à 12h30 et de 14h45 à 16h30.
- Dernière entrée 30 minutes avant la fermeture.

Une petite pause ?

Traversez Clanbrassil St et rejoignez le Fumbally (p. 104), qui propose des sandwichs et des plats chauds. Pour un petit remontant avant ou après la visite, Fallon's (p. 107), l'un des meilleurs pubs de Dublin, se trouve à deux pas.

★ Comment y aller

49, 54A, 56A, 77A depuis le centre-ville, 27, 150, 151 depuis Burgh Quay

Les incontournables

Kilmainham Gaol

Pour comprendre l'histoire de l'Irlande, la visite de cette prison de sinistre mémoire s'impose. Lieu de détention de nombreuses figures du nationalisme, ce sombre et robuste bâtiment fut en effet le théâtre des étapes les plus douloureuses et les plus héroïques du chemin vers l'indépendance. Aujourd'hui encore, ses murs résonnent des souffrances endurées sous l'occupation britannique.

PLAN P. 100, A3

kilmainhamgaolmuseum.ie

Inchicore Rd

tarif plein/réduit/12-17 ans 8/6/4 €

9h30-18h15 juin-août, 9h30-17h45 sept, 9h30-17h15 oct-mars, 9h30-17h45 avr-mai

Visite guidée

La visite est guidée et commence par une poignante introduction audiovisuelle, diffusée dans la chapelle où Joseph Plunkett, chef de file de l'insurrection de 1916, épousa sa bien-aimée quelques heures avant son exécution. La visite qui se veut intrigante – mais trop fréquentée – vous conduit à travers les anciennes et les nouvelles ailes de la prison, où vous apercevrez les cellules des célèbres détenus, des graffitis rouges aux murs et les cours où eurent lieu les exécutions.

Stone-Breakers' Yard

Du 3 au 12 mai 1916, 14 des 15 leaders de l'insurrection manquée de Pâques furent abattus dans la cour – l'endroit exact de la fusillade est marqué par deux simples croix noires –, de Patrick Pearse à James Connolly, trop blessé pour se tenir debout et qui fut attaché à une chaise. Une fois la nouvelle de leur exécution annoncée, le vent de l'opinion publique tourna en leur faveur – elle avait été fortement opposée au soulèvement.

Asgard et musée

Le petit voilier *Asgard*, qui força avec succès le blocus britannique en 1914 pour livrer des armes aux forces nationalistes, offre dans la cour une vision incongrue. Il avait pour propriétaire et pilote Robert Erskine Childers, (père du futur président de l'Irlande Erskine Hamilton Childers), qui fut fusillé en 1922 par l'armée de l'État libre d'Irlande dirigée par Michael Collins pour avoir été en possession d'un revolver donné en cadeau par le même Collins. Un musée remarquable traite du nationalisme irlandais et de la vie dans la prison.

★ À savoir

- Arrivez tôt pour éviter la queue habituelle et essayez de vous joindre à la première visite de la journée (pas de réservation).

Une petite pause ?

L'Old Royal Oak (voir p. 105), un authentique bar traditionnel, se tient à quelques minutes à pied de la prison.

★ Comment y aller

69, 79 depuis Aston Quay, 13, 40 depuis O'Connell St

Promenade à pied

Dublin viking et médiéval

Une ville édifiée à partir de bois et de boue a très peu de chances de traverser les âges ; tel était constitué le royaume viking de Dyflin. En regardant de plus près, on décèle toutefois quelques traces du passé scandinave de la ville. Quant à la cité médiévale, elle a été mieux conservée, car majoritairement bâtie en pierres.

La promenade

Départ Essex Gate, Parliament St

Arrivée Dublin Castle

Distance et durée
2,5 km, 2 heures

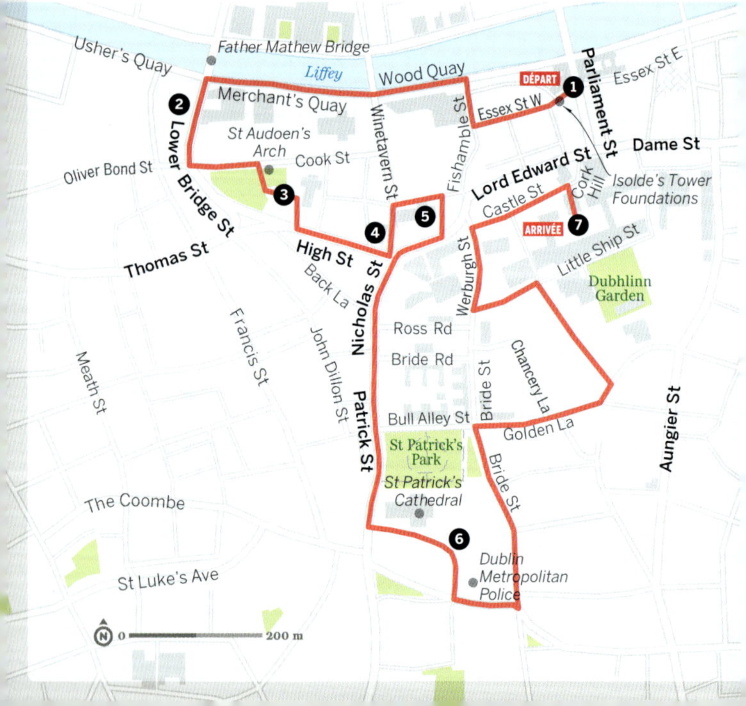

❶ Essex Gate

Essex Gate marque une des anciennes entrées principales de la ville. Sur un pilier, une plaque en bronze indique l'emplacement de la porte. Plus loin, vous verrez à travers une grille figurative les fondations de l'**Isolde's Tower**, du XIIIe siècle, qui faisait jadis partie des fortifications de la ville.

❷ Brazen Head

Prenez la direction nord, vers le fleuve, et longez Merchant Quay vers l'ouest. En face du Father Mathew Bridge (construit en 1818 à l'emplacement d'un gué, ce qui explique le nom gaélique de Dublin : *Baile Átha Cliath*, "ville du gué des haies") se trouve le plus ancien pub de Dublin, **Brazen Head** (01-679 5186 ; www.brazenhead.com ; 20 Lower Bridge St ; 12h-tard ; 13, 40, 123 depuis le centre-ville), créé en 1198 (le bâtiment actuel date de 1668).

❸ St Audoen's Church

Prenez la prochaine rue à gauche pour rejoindre Cook St, où vous verrez la **St Audœn's Arch** de 1240, une des rares portes encore existantes sur les 32 que comptait la ville. Montez sur les remparts pour découvrir l'une des plus anciennes églises existantes de Dublin, l'**Audœn Church of Ireland** (p. 103), bâtie vers 1190 et à ne pas confondre avec l'église catholique plus récente, juste à côté.

❹ Dublinia

Quittez le petit jardin pour rejoindre High St et continuez à l'est jusqu'au prochain angle de rue. À cet endroit, l'ancienne salle du Synode s'élève sur votre gauche – c'est désormais **Dublinia** (p. 81), recréation interactive du Dublin médiéval.

❺ Les deux cathédrales

À côté de Dublinia, la Christ Church Cathedral était, au Moyen Âge, l'église la plus importante dans l'enceinte de la ville. À environ 300 m au sud, sur Nicholas St (qui devient Patrick St) se dresse la plus grande cathédrale de Dublin, qui se tenait hors de la vieille ville, **St Patrick's** (p. 94).

❻ Marsh's Library

Dans St Patrick's Close, au-delà du virage sur la gauche, vous pourrez admirer l'incroyable beauté de la **Marsh's Library** (p. 102), nommée d'après l'archevêque Narcissus Marsh, un des doyens de la cathédrale Saint-Patrick. Plus loin sur votre gauche, se tient le bâtiment de la **Dublin Metropolitan Police**, autrefois le palais épiscopal du Saint-Sépulcre.

❼ Dublin Castle

Enfin, remontez Bride St, Golden Lane et Great Ship St, pour finir par une longue promenade dans le **Dublin Castle** (p. 40), centre de l'autorité anglaise et britannique de 1204 à 1922.

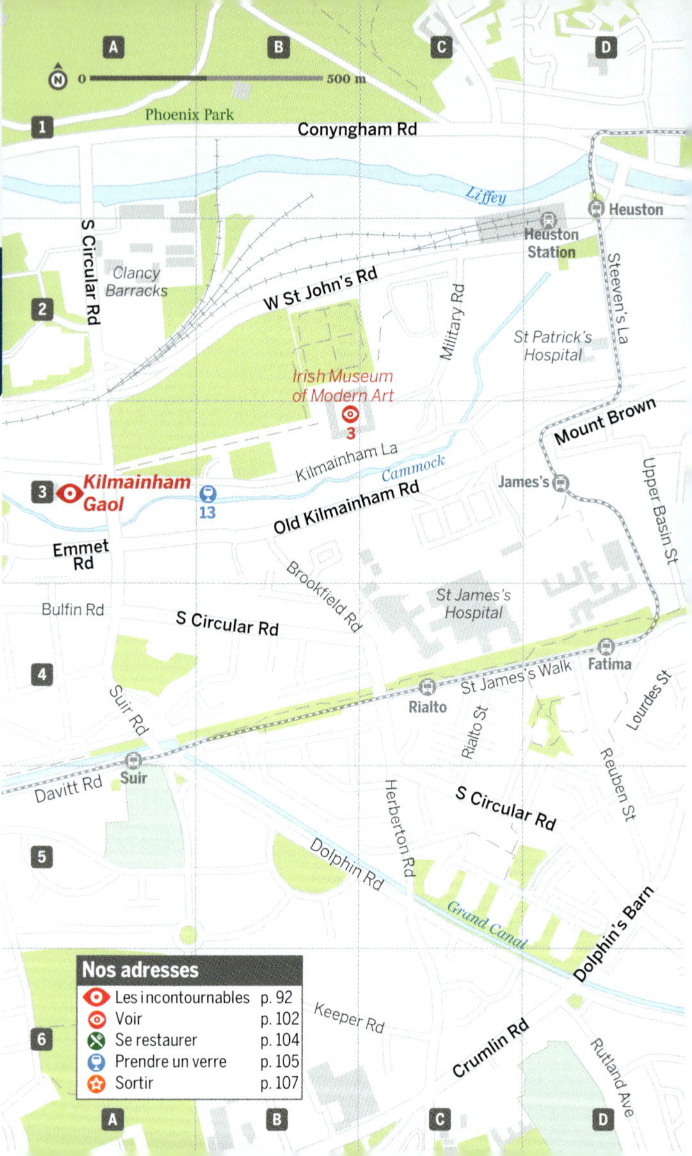
A
B
C
D
0
500 m
Phoenix Park
Conyngham Rd
Liffey
Heuston
Heuston Station
S Circular Rd
Clancy Barracks
W St John's Rd
Military Rd
Steeven's La
St Patrick's Hospital
Irish Museum of Modern Art
3
Mount Brown
Kilmainham La
Cammock
Kilmainham Gaol
13
Old Kilmainham Rd
James's
Upper Basin St
Emmet Rd
Brookfield Rd
Bulfin Rd
S Circular Rd
St James's Hospital
Fatima
St James's Walk
Rialto
Lourdes St
Suir Rd
Rialto St
Suir
Davitt Rd
Reuben St
Herberton Rd
S Circular Rd
Dolphin Rd
Grand Canal
Dolphin's Barn
Nos adresses
Les incontournables p. 92
Voir p. 102
Se restaurer p. 104
Prendre un verre p. 105
Sortir p. 107
Keeper Rd
Crumlin Rd
Rutland Ave
1
2
3
4
5
6

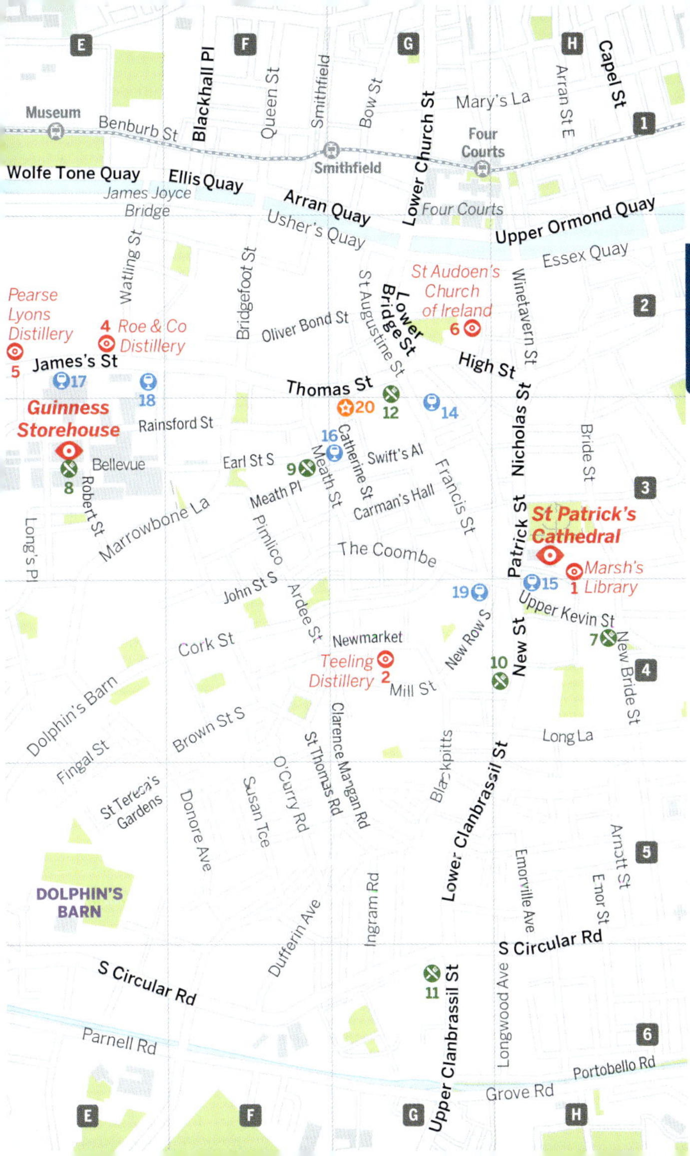
E
F
G
H
1
2
3
4
5
6
Museum
Benburb St
Blackhall Pl
Queen St
Smithfield
Bow St
Lower Church St
Mary's La
Arran St E
Capel St
Four Courts
Smithfield
Wolfe Tone Quay
Ellis Quay
James Joyce Bridge
Arran Quay
Usher's Quay
Four Courts
Upper Ormond Quay
Essex Quay
Watling St
Bridgefoot St
St Audoen's Church of Ireland
6
Winetavern St
Pearse Lyons Distillery
5
4 Roe & Co Distillery
Oliver Bond St
St Augustine St
Lower Bridge St
High St
James's St
17
18
Thomas St
20
12
14
Guinness Storehouse
Rainsford St
8
Bellevue
16
Catherine St
Meath St
Swift's Al
Earl St S
9
Meath Pl
Carman's Hall
Francis St
Nicholas St
Bride St
Robert St
Marrowbone La
Long's Pl
Pimlico
The Coombe
Patrick St
St Patrick's Cathedral
Marsh's Library
1
15
19
John St S
Ardee St
Upper Kevin St
7
New Bride St
Cork St
Newmarket
New Row S
New St
10
Teeling Distillery
2
Mill St
Dolphin's Barn
Brown St S
Clarence Mangan Rd
Long La
Fingal St
St Teresa's Gardens
Donore Ave
Susan Tce
O'Curry Rd
St Thomas Rd
Blackpitts
Lower Clanbrassil St
Emorville Ave
Arnott St
Ennor St
DOLPHIN'S BARN
Ingram Rd
Dufferin Ave
S Circular Rd
S Circular Rd
11
Upper Clanbrassil St
Longwood Ave
Parnell Rd
Grove Rd
Portobello Rd

Voir

Marsh's Library

BIBLIOTHÈQUE

1 PLAN P. 100, H3

Cette bibliothèque érudite est l'un des trésors de Dublin. En haut de ses escaliers anciens, de belles étagères en chêne sombre, surmontées de corniches sculptées et dorées, groupent près de 25 000 livres, manuscrits et cartes remontant jusqu'au XVe siècle. Une visite grandement conseillée. (marshlibrary.ie ; St Patrick's Close ; tarif plein/réduit/-18 ans 5/3 €/gratuit ; 9h30-17h mar-ven, 10h-17h sam ; 49, 54A, 56A, 77A depuis le centre-ville, 27, 150, 151 depuis Burgh Quay)

Teeling Distillery

DISTILLERIE

2 PLAN P. 100, G4

La première nouvelle distillerie à Dublin depuis 125 ans n'a commencé sa production qu'en 2015 et il faudra attendre quelques années avant que le distillat ne puisse être appelé whiskey. En attendant, vous pouvez explorer le centre des visiteurs et goûter des whiskeys d'une autre distillerie familiale sur la Cooley Peninsula. (teelingwhiskey.com ; 13-17 Newmarket ; visite 17-30 € ; 12h-18h lun-ven, 11h-18h sam, 12h-18h dim ; 27, 56A, 77A, 151 depuis le centre-ville)

Irish Museum of Modern Art

MUSÉE

3 PLAN P. 100, B3

La plus importante collection d'art moderne et contemporain en Irlande se trouve dans l'élégant Royal Hospital Kilmainham, conçu par sir William Robinson, et construit entre 1680 et 1684 comme maison de repos pour les soldats. Il a joué ce rôle jusqu'en 1927, puis s'est dégradé avant d'être restauré dans les années 1990 pour devenir ce formidable dépositaire d'art. Les visites guidées étaient suspendues à cause du COVID-19 lors de la rédaction de ce guide, renseignez-vous sur le site Internet. (IMMA ; imma.ie ; Military Rd ; entrée libre ; 10h-17h30 mar et jeu-sam, 11h30-17h30 mer, 12h-17h30 dim, visites guidées 30 min 13h15 mer et 14h30 sam et dim ; 79, 79a et 145 depuis Aston Quay, 13, 40, 123 depuis Burgh Quay, Heuston)

Roe & Co Distillery

DISTILLERIE

4 PLAN P. 100, E2

Roe & Co a ouvert ses portes en 2019, dans l'ancienne centrale électrique de l'usine Guinness, bâtiment en brique face à l'entrée de la brasserie. L'accent est mis sur les cocktails : après la dégustation un atelier de mixologie vous renseignera sur les profils aromatiques, puis vous rejoindrez le bar pour goûter aux créations du barman. Il faut réserver. (www.roeandcowhiskey.com ; 91 James's St ; dégustations 23-28 € ; dégustations 15h-19h jeu et ven, 13h-18h30 sam, 13h-17h dim, bar 15h-21h jeu et ven, 13h-21h sam, 13h-17h dim ; 123 depuis le centre-ville)

DAVI COSTA / SHUTTERSTOCK ©

Dégustation à la Pearse Lyons Distillery

Pearse Lyons Distillery

DISTILLERIE

5 PLAN P. 100, E2

Cet établissement chic, installé dans l'ancienne St James's Church et inauguré en 2017, distille des whiskeys irlandais artisanaux en quantités limitées. Vous avez le choix entre 3 visites guidées : la Triolgy, avec visite de la distillerie, du cimetière St James et la dégustation de 3 whiskeys ; la Signature, aux 4 dégustations et la Legacy, laquelle vous permet de goûter 5 appellations différentes, dont un single malt de 5 ans. (01-691 6000 ; www.pearselyonsdistillery.com ; 121-122 James's St ; visites guidées tarif plein 20-30 € ; 11h30-18h jeu-sam ; 13, 40, 123 depuis Fleet St)

St Audoen's Church of Ireland

ÉGLISE

6 PLAN P. 100, G2

Deux églises côte à côte et portant le même nom, en hommage à saint Ouen, évêque de Rouen au VIIe siècle et saint patron des Normands. La plus ancienne des deux, l'église irlandaise, fut bâtie entre 1181 et 1212. C'est aujourd'hui la seule église médiévale de Dublin encore en activité. Une visite guidée gratuite de 30 minutes part toutes les demi-heures de 9h30 à 16h45. L'édifice qui la jouxte est **l'église catholique de Saint-Audeon** (messe 13h15 et 19h lun-ven, 18h sam, 9h30, 11h, 12h30 et 18h dim). Plus grande et plus récente, elle date du XIXe siècle. Lors de la rédaction de ce guide, l'église était fermée pour travaux. (01-677

0088 ; www.heritageireland.ie ; Cornmarket, High St ; 9h30-16h45 mai-oct ; 26, 79a depuis Aston Quay, 13, 40, 123 depuis Burgh Quay)

Se restaurer

Assassination Custard CAFÉ €

7 PLAN P. 100, H4

Ce local qui ne paye pas de mine est pourtant l'une des adresses les plus savoureuses de la ville. Son menu change tous les jours – chou-fleur grillé au dukkah ou brocoli au *nduja* épicé (salami de porc) et ricotta de Toonsbridge. Si vous êtes d'humeur aventurière, laissez-vous tenter par le sandwich aux tripes. Le nom est emprunté à une citation de Samuel Beckett. (087 997 1513 ; facebook.com/assassinationcustard ; 19 Kevin St ; plats 7-9 € ; 12h-14h mar, 12h-15h mer-ven ; ts ceux du centre-ville)

Coke Lane Pizza PIZZERIA €

Excellentes pizzas servies sur la terrasse du pub Lucky's (voir 16 plan p. 100, G3). Avant 19h, la formule pizza et pinte (ou verre de vin) coûte 13 € – sans doute la meilleure affaire de la ville. (cokelanepizza.ie ; 78 Meath St ; pizzas 10-13 € ; 16h-22h lun-jeu, 16h-22h30 ven, 14h-22h30 sam, 14h-22h dim ; 13, 40, 123 depuis le centre-ville)

1837 Bar & Brasserie BRASSERIE €

8 PLAN P. 100, E3

Vivement recommandé pour déjeuner après la visite du musée, le 1837 propose au déjeuner des plats savoureux, dont des huîtres extra-fraîches et un burger à la Guinness. La carte des boissons comprend des bières de la célèbre marque comme la West Indian Porter ou la Golden Ale. (www.guinness-storehouse.com ; Guinness Storehouse, St James's Gate ; plats 14-18 € ; 13h-16h lun-jeu, 13h-18h ven-sam, 13h-17h dim ; 13, 40, 123 depuis Fleet St, James's)

Legit Coffee Co CAFÉ €

9 PLAN P. 100, F3

C'est dans l'une des rues les plus traditionnelles de Dublin que l'on trouve ce café très en vogue. Au menu : thés de spécialité, brioches toastées et sandwichs substantiels. (www.legitcoffeeco.com ; 1 Meath Mart, Meath St ; sandwichs 4,80-7,45 € ; 9h-15h lun-sam ; James's)

The Fumbally CAFÉ €

10 PLAN P. 100, H4

Aménagé dans un ancien entrepôt, ce café clair et spacieux sert de copieux petits-déjeuners, salades et sandwichs, parfois sur fond de guitare live. Le mercredi soir, un plat bio unique (tapas à partir de 6 €) pour tous – et sa variante végétarienne – très prisé par les clients, explore les cuisines du monde ; réservation conseillée. (01-529 8732 ; www.thefumbally.ie ; Fumbally Lane ; plats 7-14 € ; 9h-17h mar-ven, 10h-15h sam ; 49, 54A depuis le centre-ville)

Clanbrassil House

IRLANDAIS €€

11 PLAN P. 100, G6

La carte de ce restaurant fait la part belle aux grandes assiettes à partager. Les plats sont exquis, la viande cuite au charbon de bois. Vous y mangerez du faux-filet à la moelle et aux anchois, ou de la raie aux câpres et beurre de crevettes grises. Les beignets de pommes de terre sont divins. Pour 50 €, le chef sélectionne un assortiment d'assiettes pour vous. (01-453 9786 ; www.clanbrassilhouse.com ; 6 Upper Clanbrassil St ; menu 2/3 plats 38/48 € jeu et ven, menu 6 plats 65 € jeu-sam ; 17h-23h30 mer-sam ; 9, 16, 49, 54A depuis le centre-ville)

Variety Jones

IRLANDAIS €€

12 PLAN P. 100, G2

Avec son menu simple composé d'excellents mets, la cuisine de Variety Jones est l'une des plus novatrices de Dublin. Les plats sont concoctés sur un foyer, libérant de délicieux effluves et la carte met en avant les assiettes partagées. Il faut absolument réserver. (01-516 2470 ; www.varietyjones.ie ; 78 Thomas St ; menu 6 plats 75 € ; 17h-22h mer-sam ; 13, 40, 123 depuis le centre -ville)

Prendre un verre

Old Royal Oak

PUB TRADITIONNEL

13 PLAN P. 100, B3

Les habitants adorent ce superbe pub qui a ouvert en 1845 pour servir les clients et le personnel du Royal Hospital (désormais l'Irish Museum of Modern Art). Le décor est resté inchangé ! Parfait pour savourer quelques pintes. (facebook.com/theoakd8 ; 11 Kilmainham Lane ; 17h-23h30 mer-ven, 14h-23h30 sam, 14h-23h dim ; 13, 40 depuis le centre-ville)

Drop Dead Twice

BAR

14 PLAN P. 100, G3

Le bar du rez-de-chaussée est parfait pour prendre un verre, mais l'affaire est bien plus intrigante à l'étage, dans le lounge à cocktails : en payant une table pour 2/3 heures (25/35 €), vous pouvez apporter votre propre bouteille d'alcool et les serveurs s'occupent du reste avec leurs ingrédients. Parmi les créations possibles : breuvages à la fumée de tourbe, bière noire maison ou encore, cocktail au bacon. (www.dropdeadtwice.com ; 18/19 Francis St ; 17h-23h mar-jeu, 15h-23h ven-dim ; 13, 40, 123 depuis le centre-ville)

Fourth Corner

BAR

15 PLAN P. 100, H4

Jadis, ce petit carrefour des Liberties était surnommé Four Corners of Hell ("les quatre coins de l'enfer") car il y avait un pub malfamé à chaque angle (et des bagarres dans les rues adjacentes). Aujourd'hui, les choses se sont calmées et ce joli bar est idéal pour une bière. Vous pouvez même vous y faire livrer une pizza de **Dublin Pizza Company** (01-561 1714 ; www.

Les distilleries font fureur

Si les Liberties accueillent la brasserie Guinness, célèbre dans le monde entier, le quartier le plus traditionnel de Dublin redevient aussi un haut lieu de la production de whiskey. En 2015, la Teeling Distillery (p. 102) a rouvert ses portes après presque 200 ans d'inactivité (située auparavant près de Marrowbone Lane, elle a officié entre 1782 et 1822), suivie en 2017 de la Pearse Lyons Distillery (p. 103), fondée dans l'ancienne église St James's, sur James Street. Pearse Lyons et sa femme Deirdre possèdent une brasserie et une distillerie à Kentucky (ainsi que l'entreprise d'alimentation animale, Alltech). Ce nouveau projet est cher à Lyon, dont le grand-père repose dans le cimetière de l'église. En 2019, deux autres distilleries ont vu le jour : Dublin Liberties Distillery (actuellement fermée au public) et Roe & Co (p. 102), appartenant à l'entreprise Diageo, qui détient aussi la marque Guinness.

Toutes les visites guidées se ressemblent : on vous explique le processus de distillation et une dégustation vous est proposée à la fin ; parmi les options en plus : la visite avec un maître distillateur offrant davantage d'informations et de whiskeys à goûter. Le problème des nouvelles enseignes, c'est qu'il faut compter au moins trois ans avant de pouvoir officiellement obtenir du whiskey. À moins que les fûts aient atteint la maturation requise, on propose un mélange de breuvages distillés ailleurs, généralement à la Cooley Distillery du comté de Louth.

dublinpizzacompany.ie ; pizzas 11,50-16 €) pour accompagner votre pinte. (☎085-866 5646 www.fourthcorner.ie ; 50 Patrick St ; 🕐16h-minuit lun-ven, 11h-0h30 sam, 11h-23h30 dim ; 🚌49, 54A depuis le centre-ville)

Lucky's

BAR

16 PLAN P. 100, G3

Adresse lumineuse nichée dans une rue fréquentée le soir, Lucky's propose, dans son intérieur en bois, des bières artisanales locales. Coke Lane Pizza (p. 104) s'installe sur sa terrasse pour servir des pizzas fraîches toute la nuit – l'idéal pour les fringales. (☎01-556 2397 ; www.luckys.ie ; 78 Meath St ; 🕐16h-tard lun-ven, 12h30-tard sam, 14h-tard dim ; 🚌13, 40, 123 depuis le centre-ville)

Open Gate Brewery

BRASSERIE

17 PLAN P. 100, E2

Si le Guinness Storehouse (p. 92) n'a pas suffi à combler votre désir de bière, laissez-vous tenter par la brasserie expérimentale

Guinness. Il faut réserver en ligne, chaque ticket offre une planche de dégustation. Demandez conseil auprès des brasseurs et savourez cette chance unique de goûter de la bière qui ne quittera probablement jamais les lieux. (01-471 2455 ; www.guinnessopengate.com ; St James's Gate ; 17h-22h30 jeu-ven, 14h-22h30 sam, 14h-20h dim ; 13, 40, 123 depuis le centre-ville)

Arthur's

PUB

18 PLAN P. 100, E2

Beaucoup de visiteurs sortant du Guinness Storehouse (p. 92) franchissent les portes de ce bar confortable et convivial, à la carte réconfortante. L'endroit est encore plus agréable en hiver, avec la cheminée et l'éclairage aux bougies. Le pub était temporairement fermé lors de la rédaction de ce guide, il devrait avoir rouvert lorsque vous lirez ces lignes (réouverture prévue à l'été 2022). (01-402 0914 ; www.arthurspub.ie ; 28 Thomas St ; 11h-23h30 lun-jeu, 11h-0h30 ven-sam, 11h-23h dim ; 13, 40, 123 depuis Fleet St, James's)

Fallon's

PUB

19 PLAN P. 100, G4

Bar à l'ancienne où l'on sert de généreuses pintes de Guinness depuis la fin du XVIIe siècle. Le célèbre boxeur poids lourds, Dan Donnelly (1788-1820), surnommé Sir Dan, y fut barman en chef en 1818. Incontournable dans le quartier. (01-454 2801 ; facebook.com/John-Fallons-The-Capstan-Bar-112050775539357 ; 129 The Coombe ; 10h30-23h30 lun-jeu, jusqu'à 0h30 ven-sam, 12h30-23h dim ; 27, 49, 56A, 151 depuis le centre-ville)

Sortir

Vicar Street

MUSIQUE LIVE

20 PLAN P. 100, G3

Cette salle intime peut accueillir 1 050 personnes, entre ses places assises autour d'une table au rez-de-chaussée et son balcon (1 500 debout). Le programme y est varié, et met l'accent sur la musique soul, jazz, folk et étrangère. (01-775 5800 ; www.vicarstreet.com ; 58-59 Thomas St ; billets 25-60 € ; à partir de 19h ; 13, 40, 49, 54A, 123 depuis le centre-ville)

Enseigne de Vicar Street

DIRK HUDSON / SHUTTERSTOCK ©

Promenade à pied

Balade champêtre à Phœnix Park

Cet immense parc de 709 ha n'est pas seulement un magnifique espace vert où pratiquer toutes sortes de sports, du jogging au polo, c'est aussi le lieu de résidence du président d'Irlande et de l'ambassadeur des États-Unis, sans oublier celui d'une harde de daims. On y trouve, en outre, le doyen des zoos européens. En un mot, rien de mieux pour se dégourdir les jambes.

La promenade

Départ Entrée de Parkgate St

Arrivée Magazine Fort

Distance et durée 14,5 km, 3 heures

26, 37, 46A, 67, 69, 79, 79A et 145 depuis le centre-ville

Luas Red Line jusqu'à Heuston Station

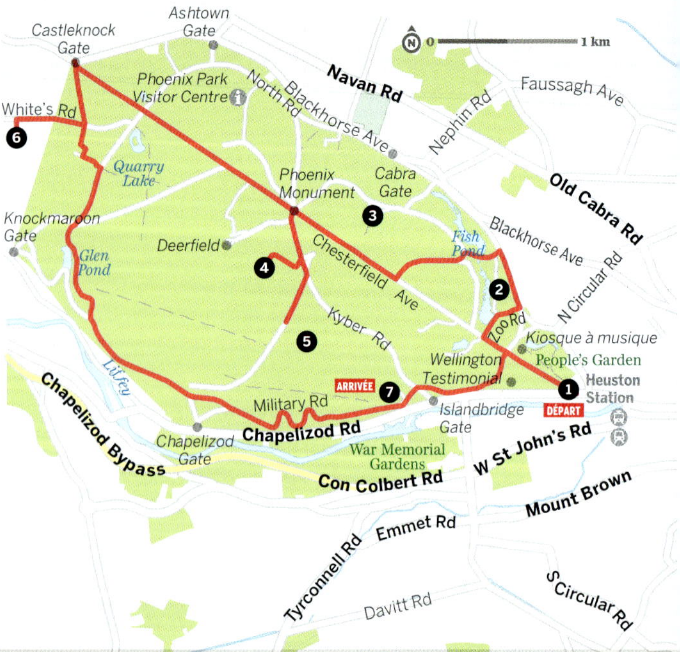

❶ Entrée de Parkgate Street

Chesterfield Avenue traverse le **parc** (www.phoenixpark.ie) jusqu'à Castleknock Gate au nord-ouest. Le **Wellington Testimonial** (obélisque haut de 62 m, le plus haut d'Europe) fut terminé en 1861. Non loin se trouvent le **People's Garden** (1864) et le Band Hollow, le kiosque à musique.

❷ Rugissement léonin

Le **Dublin Zoo** (www.dublinzoo.ie ; en ligne tarif plein/réduit/3-15 ans/famille 18,25/13,95/13,50/à partir de 52€ ; 9h30-18h ;), implanté sur 28 ha, a ouvert ses portes en 1831. Il a subi d'importants aménagements, mais son programme d'élevage de lions remonte à 1857 – le lion qui rugit au début des films MGM dans les années 1920, Slats (alias Cairbre), y est né.

❸ Édifice présidentiel

Áras an Uachtaráin (www.president.ie ; visite guidée gratuite 10h, 11h15, 12h30, 13h45 et 15h sam) – un pavillon de style palladien de 1751, résidence officielle du président irlandais – a servi d'inspiration à James Hoban pour la Maison-Blanche. Lors de la rédaction de ce guide, les visites guidées étaient suspendues, renseignez-vous sur le site internet.

❹ Croix papale

De l'autre côté de Chesterfield Avenue, la **croix papale** marque l'endroit où, en 1979, le pape Jean-Paul II vint adresser une prière aux 1,25 million de fidèles réunis là pour l'occasion et où le pape François prononça la messe devant une assemblée légèrement moins nombreuse en 2018. Au centre du parc, le **Phœnix Monument** fut érigé par lord Chesterfield en 1745.

❺ Fifteen Acres

La vaste étendue de verdure au sud de la croix, beaucoup plus vaste que "Fifteen Acres" (quinze acres), se remplit d'équipes de football le week-end. De l'autre côté de la croix se tient l'ancienne loge du secrétaire en chef, **Deerfield**, aujourd'hui résidence de l'ambassadeur des États-Unis.

❻ De Farmleigh...

Vers Castleknock Gate se trouve **Farmleigh** (farmleigh.ie ; tarif plein/réduit 8/4-6 € ; 10h-17h30, dernière entrée 16h30, uniquement avec visite guidée ; 37 depuis le centre-ville), un bel édifice de styles georgien et victorien conçu par James Gandon. Seul le rez-de-chaussée, doté d'une bibliothèque et d'une véranda, se visite, mais il est très agréable de se balader dans son jardin d'agrément composé d'un lac, d'un jardin clos et d'un jardin japonais.

❼ ...au centre-ville

Dans le périmètre sud, vers l'entrée de Parkgate Street, se tient le **Magazine Fort**, qui servit de cible d'entraînement lors du soulèvement de Pâques 1916, et fut attaqué par l'IRA en 1940 lorsque la réserve de munitions de l'armée irlandaise fut dérobée.

Explorer

Nord de la Liffey

Plus simple que son distingué voisin du sud, le quartier au nord de la Liffey offre un mélange frappant de grandeur du XVIIIe siècle, de vie citadine traditionnelle et de multiculturalisme. Au-delà de sa principale artère, l'élégante O'Connell Street, vous trouverez des musées, des marchés animés et certains des meilleurs restaurants de la ville.

Notre sélection

- ***Dublin City Gallery – The Hugh Lane (p. 112).*** *Pour ses superbes collections d'art moderne et contemporain.*
- ***Jameson Distillery Bow Street (p. 119).*** *Une dégustation de whiskey, après en avoir découvert les secrets de fabrication dans cette ancienne distillerie transformée en musée*
- ***14 Henrietta Street (p. 118).*** *Maison georgienne rénovée retraçant l'histoire de Dublin, de la splendeur à la misère.*
- ***National Museum of Ireland — Decorative Arts & History (p. 118).*** *La découverte du somptueux bâtiment des Collins Barracks, sans oublier la collection du musée.*

Comment y aller et circuler

Tous les bus du centre-ville s'arrêtent sur O'Connell Street ou à proximité.

Le Luas circule d'est en ouest parallèlement à la Liffey, de The Point à Heuston Station.

Le DART circule de Connolly Station vers Clontarf Road.

Plan du nord de la Liffey p. 116

Garden of Remembrance (p. 115) TRABANTOS / SHUTTERSTOCK ©

Les incontournables

Dublin City Gallery – The Hugh Lane

La réputation de Dublin comme dépositaire d'art de classe mondiale est en grande partie liée à la collection de ce magnifique musée, qui rassemble des chefs-d'œuvre impressionnistes et modernes, le meilleur de l'art irlandais depuis les années 1950 et la reconstitution de l'atelier de Francis Bacon.

PLAN P. 116, F2

01-222 5550

www.hughlane.ie

22 North Parnell Sq

Entrée libre

9h45-18h mar-jeu, 9h45-17h ven, 10h-17h sam, 11h-17h dim

Atelier de Francis Bacon

Malgré les chefs-d'œuvre impressionnistes, l'atelier de Francis Bacon (ci-contre) est la partie du musée la plus visitée. Il a été minutieusement déménagé, désordre compris, du 7 Reece Mews, South Kensington, à Londres, où le peintre, né à Dublin (1909-1992), vécut 31 ans. Bacon disait que seul cet atelier chaotique – on y voit notamment des toiles tailladées et le dernier tableau inachevé – lui permettait de travailler.

Hugh Lane Bequest 1917

Depuis 1959, ce legs de dix tableaux est partagé avec la National Gallery de Londres et les deux musées échangent cinq œuvres tous les cinq ans. Celles actuellement exposées à Dublin (jusqu'en 2025) sont *Scène de plage* (1869-1870) de Degas, *La Musique aux Tuileries* (1867) de Édouard Manet, *La Cheminée* (1905) de Édouard Vuillard, *Coucher de soleil sur la neige à Lavacourt* (vers 1878-1881) de Claude Monet et *Avignon vue de l'Ouest* (1836) de Jean-Baptiste-Camille Corot.

Sean Scully Gallery

La dernière aile de la galerie est une extension de deux étages avec – au rez-de-chaussée – un espace réservé aux sept tableaux abstraits de Sean Scully (né en 1945), le plus célèbre artiste vivant d'origine irlandaise. Cette aile du musée renferme aussi d'autres œuvres d'artistes irlandais contemporains, comme Dorothy Cross (née en 1956), Brian Maguire (né en 1951) et Norah McGuinness (1901-1980).

Stained Glass Gallery

La galerie des vitraux, à côté de l'entrée, comprend le chef-d'œuvre de Harry Clarke, *La Veille de la Sainte-Agnès* (1924). Ce vitrail se compose de 22 panneaux illustrant le poème éponyme de John Keats, qui décrit les amours maudites de Madeline et Porphyro, enfants de deux familles ennemies.

★ À savoir

Le musée propose une application relativement bien faite et élargit progressivement son catalogue disponible sur Internet, qui permet de voir les œuvres avant ou après la visite.

✕ Une petite pause ?

Terminez votre visite par une pause dans le magnifique **café** (luncheonettedublin.com ; 22 North Parnell Sq ; plats 6-14 € ; ⌚10h-16h30 mar-sam, 11h-16h30 dim) installé au sous-sol et par un tour dans la boutique de souvenirs bien fournie.

★ Comment y aller

🚌7, 11, 13, 16, 38, 40, 46A, 123 depuis le centre-ville

Promenade à pied sur la rive nord

En empruntant O'Connell St, cette belle avenue au nord de la Liffey, on peut voir ce qu'était jadis le quartier le plus en vue de la ville. Le Dublin georgien est né ici, sur les places Parnell et Mountjoy, et joua un rôle conséquent dans la lutte pour l'indépendance. C'est encore là que se trouvent les meilleurs musées de la ville.

La promenade

Départ Mountjoy Sq

Arrivée St Michan's Church

Distance et durée
2,5 km, 2 heures

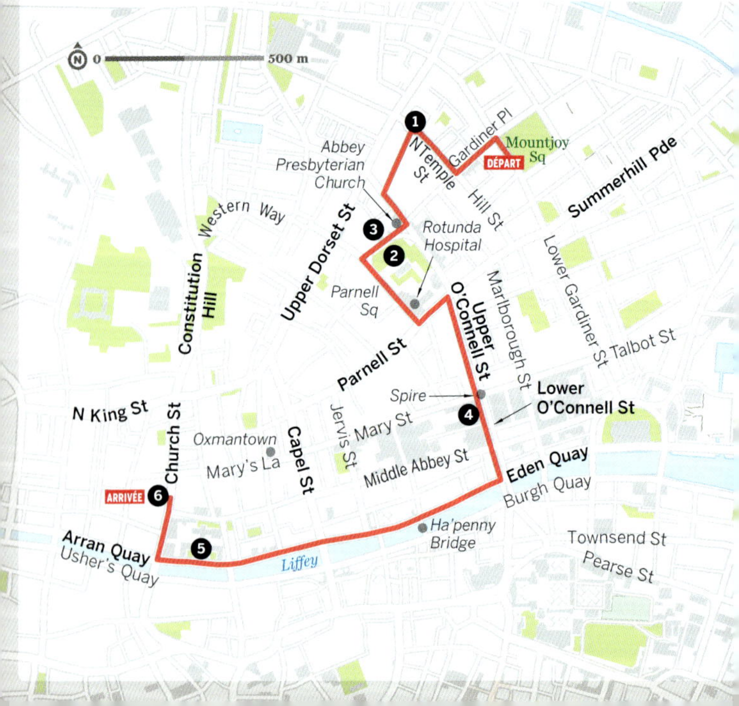

❶ St George's Church

Depuis l'angle nord-ouest de Mountjoy Square, tournez à gauche et descendez Gardiner Place, puis prenez à droite dans North Temple St. Au bout de cette rue se trouve la jolie **St George's Church** (fermée au public), de style georgien, imaginée par l'architecte Francis Johnston et désormais désaffectée.

❷ Garden of Remembrance

Prenez à gauche dans Hardwicke St et à nouveau à gauche dans North Frederick St. Sur votre droite, vous verrez l'Abbey Presbyterian Church, édifiée en 1864. Jetez un coup d'œil au **Garden of Remembrance** (www.heritageireland.ie ; 9h-17h avr-sept, 10h-16h oct-mars), ouvert en 1966 pour commémorer le 50e anniversaire de l'insurrection de Pâques 1916.

❸ Dublin City Gallery – The Hugh Lane

Face au parc, l'excellente Dublin City Gallery – The Hugh Lane (p. 112) conserve une belle collection d'art moderne. Dans la partie sud de Parnell Sq se dresse le Rotunda Hospital, superbe exemple d'architecture georgienne.

❹ General Post Office

Descendez O'Connell St vers le sud. Vous passerez devant la Spire (haute de 120 m). Côté ouest d'O'Connell St, le bâtiment néoclassique de la **General Post Office** (www.anpost.ie ; 8h30-18h lun-sam, 12h30-15h45 dim) domine la rue – ce fut le quartier général des opérations lors du soulèvement de Pâques 1916, on peut encore voir les impacts de balles sur les colonnes.

❺ Four Courts

En arrivant au fleuve, tournez à droite et longez la promenade en bois jusqu'au Ha'penny Bridge, dont le nom évoque la taxe qu'il fallait payer pour le traverser. Poursuivez vers l'ouest sur Ormond Quay pour rejoindre les **Four Courts** (Inns Quay ; entrée libre ; 9h-17h lun-ven), conçues par James Gandon, accueillant les plus importantes cours de justice irlandaises.

❻ St Michan's Church

Pour finir, tournez à droite dans Church St, pour admirer **St Michan's Church** (visite guidée adulte/enfant 7/4 € ; 10h-12h30 et 14h-16h30 lun-ven, 10h-12h30 sam), un bel édifice georgien dont la crypte conserve des défunts depuis plusieurs siècles.

Nos adresses
Les incontournables p. 112
Voir p. 118
Se restaurer p. 119
Prendre un verre p. 122
Sortir p. 124
Shopping p. 125
0
500 m
A
B
C
D
1
2
3
4
5
6
Grangegorman
Broadstone-DIT
Phibsborough Rd
Auburn St
Lower Grangegorman
King's Inns
Prebend St
Constitution Hill
Upper Church St
Kirwan St
Manor St
Manor Pl
Stonybatter
12
Brunswick St N
Arbour Hill Cemetery
Arbour Hill
20
16
King St N
SMITHFIELD
Bow St
Lower Church St
Beresford St
Anne St N
Halston St
Cuckoo La
National Museum of Ireland – Decorative Arts & History
2
Blackhall Pl
Queen St
Smithfield
Friary Ave
3
Jameson Distillery Bow Street
May La
Mary's La
St Michan's St
Greek St
Hendrick St
17
Benburb St
Museum
Smithfield
Four Courts
6
Wolfe Tone Quay
James Joyce Bridge
11
Arran Quay
Usher's Quay
Father Mathew Bridge
Four Courts
Chancery Pl
9
Inns Quay
Merchant's Quay
Island St
Bonham St
Watling St
Bridgefoot St
Oliver Bond St
Cook St
Winetavern St
James's St
High St
Thomas St

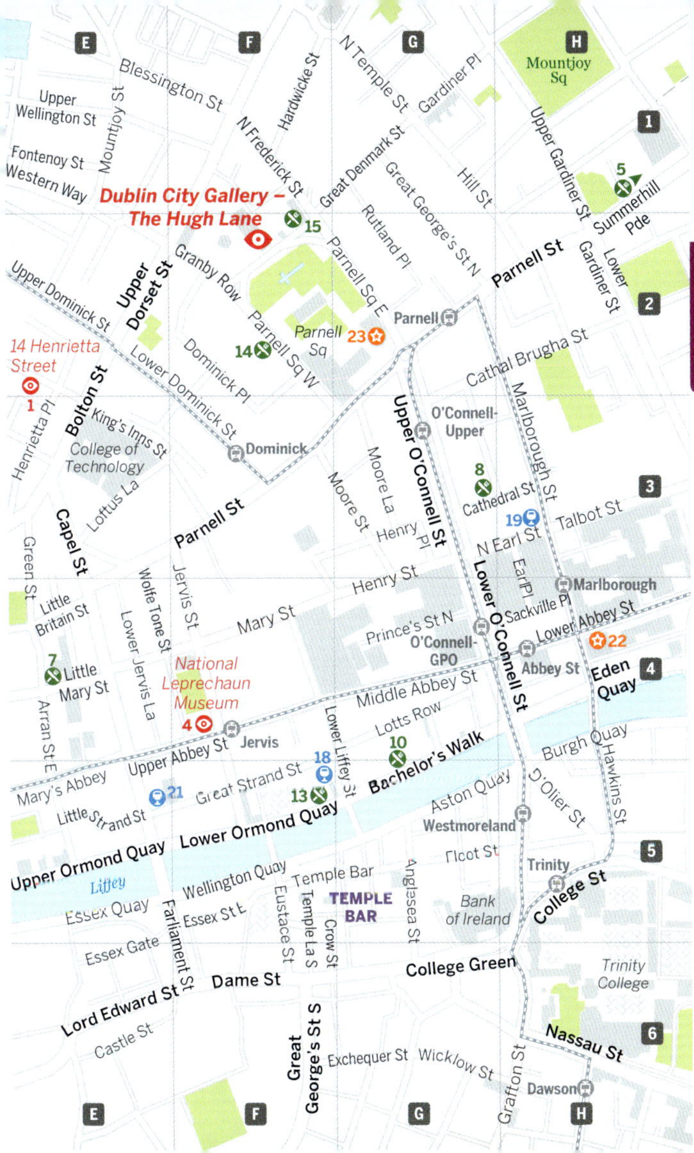

E
F
G
H
1
2
3
4
5
6
Mountjoy Sq
Blessington St
Upper Wellington St
Mountjoy St
Fontenoy St
Western Way
Hardwicke St
N Temple St
Gardiner Pl
N Frederick St
Great Denmark St
Hill St
Upper Gardiner St
Summerhill Pde
Dublin City Gallery – The Hugh Lane
15
Rutland Pl
Great George's St N
Parnell St
Lower Gardiner St
Granby Row
Parnell Sq E
Upper Dominick St
Upper Dorset St
Parnell
Parnell Sq
23
14
Parnell Sq W
14 Henrietta Street
1
Lower Dominick St
Dominick Pl
Cathal Brugha St
Bolton St
King's Inns St
Henrietta Pl
College of Technology
Dominick
Upper O'Connell St
O'Connell-Upper
Marlborough St
Moore La
Moore St
8
Cathedral St
Loftus La
Parnell St
Capel St
19
Talbot St
Henry Pl
N Earl St
Green St
Henry St
Earl Pl
Marlborough
Little Britain St
Wolfe Tone St
Jervis St
Mary St
Prince's St N
Sackville Pl
Lower Abbey St
Lower Jervis La
O'Connell-GPO
Lower O'Connell St
22
7
Little Mary St
National Leprechaun Museum
Abbey St
Eden Quay
Middle Abbey St
Arran St E
4
Lower Liffey St
Lotts Row
Jervis
10
Burgh Quay
Upper Abbey St
Bachelor's Walk
Hawkins St
18
Mary's Abbey
21
Great Strand St
13
Aston Quay
D'Olier St
Little Strand St
Westmoreland
Lower Ormond Quay
Fleet St
Upper Ormond Quay
Trinity
Liffey
Wellington Quay
Temple Bar
Anglesea St
College St
Essex Quay
Essex St E
Eustace St
Temple La S
TEMPLE BAR
Bank of Ireland
Parliament St
Crow St
Essex Gate
College Green
Trinity College
Dame St
Lord Edward St
Great George's St S
Nassau St
Castle St
Exchequer St
Wicklow St
Grafton St
Dawson

Voir

14 Henrietta Street

MUSÉE

1 PLAN P. 116, E2

Cette maison georgienne a été soigneusement restaurée, affichant les strates d'une histoire sociale complexe étalée sur plus de deux siècles. À la fois musée et archives locales, on y découvre la vie élégante de la haute société dans les années 1740 mais aussi la misère qui frappa le début du XXe siècle – à cette époque, la maison était occupée par une centaine de locataires vivant dans des conditions sordides. La visite guidée riche en détails dure 1 heure 15. (01-524 0383 ; www.14henriettastreet.ie ; 14 Henrietta St ; tarif plein/réduit 10/6-8 € ; visites guidées uniquement 10h-16h mer-dim ; 9, 13, 16, 40 depuis le centre-ville)

National Museum of Ireland – Decorative Arts & History

MUSÉE

2 PLAN P. 116, A4

Jadis plus grande caserne militaire au monde, ce splendide bâtiment néoclassique en pierre grise sur la rive nord de la Liffey a été achevé en 1704 selon les plans de Thomas Burgh, qui a également réalisé l'Old Library de Trinity College. Il rassemble désormais les collections historiques et d'art décoratif du National Museum of Ireland, dont d'intéressantes expositions permanentes retraçant l'histoire de l'insurrection

14 Henrietta Street

ANNEMARIE MCCARTHY / LONELY PLANET ©

de Pâques 1916 ou le travail d'Eileen Gray (1878-1976), la célèbre designer irlandaise. (www.museum.ie ; Benburb St ; entrée libre ; 10h-17h mar-sam, 13h-17h dim-lun ; Museum)

Jameson Distillery Bow Street

MUSÉE

3 PLAN P. 116, C4

Le principal site touristique de Smithfield est dédié à la *uisce beatha* ("l'eau-de-vie"), le nom du whiskey en irlandais. C'est ce qu'il représente pour ses plus fervents adeptes, lesquels risquent d'être déroutés par l'aspect superficiel du musée (aménagé dans une partie de l'ancienne distillerie, fermée en 1971). La visite obligatoire de la distillerie reconstituée se termine par une agréable dégustation. (01-807 2355 ; www.jamesonwhiskey.com ; Bow St ; tarif plein/réduit/enfant 25/19/11 €, master class 60 € ; 10h-18h dim-jeu, 11h-18h30 ven-sam ; Smithfield)

National Leprechaun Museum

MUSÉE

4 PLAN P. 116, F4

Un musée du folklore irlandais pensé pour les enfants, qui les réjouira grâce à son univers de conte de fées. Il faut savoir que le Leprechaun (sorte de vieux lutin facétieux) représenté ici évoque davantage le monde de Walt Disney que la sinistre créature médiévale légendaire. (01-873 3899 ; www.leprechaunmuseum.ie ; Twilfit House, Jervis St ; tarif plein/réduit/-16 ans 16/14/10 €, visite animée Darkland 18 €, adulte uniquement ; 10h-18h30 jeu-lun, 19h et 20h ven-sam ; ts ceux du centre-ville, Jervis)

Se restaurer

Da Mimmo

ITALIEN €

5 PLAN P. 116, H1

Le fils des propriétaires a converti ce qui était autrefois un traditionnel troquet à *fish & chips* en restaurant où l'on peut s'attabler et déguster les meilleures spécialités italiennes de la ville. Ici, tout – de la salade *caprese* aux lasagnes – est aussi authentique qu'à Casalattico, ville natale de Tino (entre Naples et Rome). (01-856 1714 ; www.damimmo.ie ; 146 North Strand Rd ; plats 14,50-19,95 € ; 12h30-21h30 ; 53, 130 depuis Talbot St)

Fegan's 1924

CAFÉ €

6 PLAN P. 116, D5

On s'attarde volontiers dans ce merveilleux café au charme rustique de style campagne irlandaise et aux meubles usés par le temps. La qualité est au rendez-vous, tant pour le café, que pour la bière et les différents plats : œufs brouillés et succulentes tartines. Des ateliers créatifs de 40 minutes pour les enfants (6 € l'atelier) sont organisés le week-end. Paiement uniquement par carte bancaire. (www.fegans1924.com ; 13 Chancery St ; plats 7,25-13,50 € ; 7h30-16h lun-jeu, 11h-22h ven-sam, 11h-15h dim ; ; Four Courts)

Les codes d'O'Connell St

La journée, O'Connell St est une rue très animée, foisonnant de promeneurs, employés, commerçants et vendeurs ambulants. En revanche, le soir, on y croise souvent des individus en état d'ébriété, voire drogués, et l'on peut ne pas s'y sentir en sécurité. Les Dublinois sont las de dénoncer l'absence quasi totale de la police (laquelle se défend en déclarant que ses moyens financiers sont en baisse constante). Restez vigilant si vous vous y baladez à la nuit tombée.

Oxmantown

CAFÉ **€**

7 PLAN P. 116, E4

Ses délicieux petits-déjeuners et ses excellents sandwichs font de ce café une adresse à retenir pour une pause en journée de ce côté-ci de la Liffey. Le pain est préparé par un boulanger local, le café vient de Cloud Picker, l'unique torréfacteur de Dublin, et les viandes sont achetées dans des fermes alentour. (www.oxmantown.com ; 16 Mary's Abbey, City Markets ; sandwichs 7,50 € ; 8h30-14h30 lun-ven ; Four Courts, Jervis)

M&L

CHINOIS **€**

8 PLAN P. 116, G3

Ne vous fiez pas à sa devanture quelconque et à sa décoration bon marché, ce restaurant est sans conteste le meilleur chinois de la ville. Il attire d'ailleurs de nombreux Chinois qui apprécient son authentique cuisine du Sichuan, plus épicée que les plats cantonais généralement servis et sans aucune concession pour les palais occidentaux. (01-874 8038 ; www.mlchineserestaurant.com ; 13/14 Cathedral St ; plats 10,80-23,80 € ; 11h30-22h lun-sam, 12h-22h dim ; ts ceux du centre-ville, O'Connell – GPO, O'Connell Upper)

Legal Eagle

IRLANDAIS **€€**

9 PLAN P. 116, D5

Décor de vieux pub dublinois associé à des spécialités culinaires réconfortantes, voici l'un des meilleurs restaurants récents de la ville. Dans son four à bois sont concoctés des petits pains de pomme de terre garnis de mozzarella de Toonsbridge et de queue de bœuf. Le menu du dimanche à la touche rétro est candidat au meilleur *roast* de la ville. (01-555 2971 ; www.thelegaleagle.ie ; 1/2 Chancery Pl ; plats 25-32 € ; dîner à partir de 17h jeu-dim, dîner à partir de 12h sam-dim ; Four Courts)

Terra Madre

ITALIEN **€€**

10 PLAN P. 116, G4

Attention à ne pas rater l'entrée de ce restaurant en sous-sol : on y sert la cuisine italienne la plus authentique de Dublin. La carte restreinte change constamment, faisant la part belle aux pâtes (*pappardelle* au ragoût de canard) et aux *secondi* (tripes à la toscane). Exceptionnel. (089-244 0277 ; www.terramadre.ie ; 13A Bachelor's Walk ; plats 15-21 € ; 12h30-15h et 17h-22h ; ts ceux du centre-ville)

Fish Shop

FRUITS DE MER **€€**

11 PLAN P. 116, B5

Le menu change régulièrement (tous les mois environ) pour suivre les arrivages de poissons. Vous dégusterez peut-être un délicieux maquereau de ligne en sauce verte, ou une sole au beurre de câpres. Sans doute le meilleur restaurant de poisson et de fruits de mer de la ville. Seulement 16 couverts. (01-430 8594 ; www.fish-shop.ie ; 6 Queen St ; fish and chips 14,95-24,95 € ; 16h-21h lun, 13h-21h mer-dim ; 26, 37, 39A depuis le centre-ville, Smithfield, Museum)

L Mulligan Grocer

IRLANDAIS **€€**

12 PLAN P. 116, B3

Un pub traditionnel reconnu pour la qualité de sa cuisine, mitonnée avec des ingrédients locaux. Le menu comporte du poulet fermier à la Kiev et du *scotch egg* (œuf poché dans de la chair à saucisse panée) copieux et fait maison (ainsi que son équivalent végétarien). Vaste sélection de bières et de whiskeys à la carte. (01-670 9889 ; lmulligangrocer.com ; 18 Stoneybatter ; plats 15,50-22,50 €; 16h30-21h30 jeu-ven, 12h30-21h30 sam, 12h30-19h dim ; 37, 39A depuis le centre-ville, Museum)

Winding Stair (p. 122)

Winding Stair

IRLANDAIS €€

13 PLAN P. 116, F5

Il est campé dans un bel édifice georgien abritant jadis une célèbre librairie – qui est encore au rez-de-chaussée (p. 125). La reconversion en un élégant restaurant est ici très réussie. Le très bon menu irlandais – aiglefin poché dans du lait, moules vapeur et succulentes frites – et l'excellente carte des vins garantissent un repas mémorable. (01-872 7320 ; www.winding-stair.com ; 40 Lower Ormond Quay ; plats déj 8-18 €, plats 27-31 € ; 12h-22h mer, jeu et dim, 12h-23h45 ven-sam; ts ceux du centre-ville, Jervis)

Mr Fox

IRLANDAIS €€€

14 PLAN P. 116, F2

Installé dans une superbe maison georgienne de Parnell Sq, Mr Fox propose les mets les plus raffinés de la ville. Les assiettes honorent les ingrédients irlandais à travers d'audacieuses interprétations : chevreuil au boudin noir, châtaignes et mûres ou faisan aux lentilles et à la saucisse de Toulouse. L'étoile au Michelin n'est pas loin. (01-874 7778 ; www.mrfox.ie ; 38 West Parnell Sq ; menu de saison 62 € ; 17h-23h mar-sam ; Parnell, Dominick, O'Connell Upper)

Chapter One

IRLANDAIS €€€

15 PLAN P. 116, F2

La haute gastronomie associée à une atmosphère décontractée fait de ce restaurant étoilé au Michelin, installé au sous-sol du Dublin Writers Museum, la meilleure adresse où dîner en ville. La cuisine irlandaise contemporaine est d'inspiration française, le menu change régulièrement et le service est impeccable. L'option spéciale théâtre de trois plats (44 €) est idéale avant d'aller au Gate (p. 125), au coin de la rue. (01-873 2266 ; www.chapteronerestaurant.com ; 18-19 North Parnell Sq ; déj 2 plats 36,50 €, dîner 4 plats 80 € ; 12h30-14h jeu-sam, 18h30-21h30 mar-sam ; 11, 13, 16, 40 depuis le centre-ville, Parnell)

Prendre un verre

Cobblestone

PUB

16 PLAN P. 116, C4

Cet incontournable de Smithfield propose tous les soirs des concerts de musique traditionnelle. Les sessions Balaclava du mercredi (à partir de 19h30) sont ouvertes à tous les musiciens débutants, sous la houlette de Síomha Mulligan, toujours prêt à donner un conseil. (www.cobblestonepub.ie ; 77 North King St ; 16h-23h30 lun-jeu, 16h-0h30 ven, 13h30-0h30 sam, 13h30-23h dim ; Smithfield)

Token

BAR

17 PLAN P. 116, B4

Ce bar/salle de jeu rempli de jeux vidéo rétro et de flippers est souvent plein. Le restaurant propose de généreuses portions de fast food savoureuse et innovante. Les groupes de plus de 4 personnes

Un pied dans la tombe

Prétendant au titre de meilleur pub de Dublin, le **John Kavanagh's** (Gravediggers ; facebook.com/JohnKavanaghTheGravediggers ; 1 Prospect Sq ; 10h30-22h30 lun-sam, 12h30-22h30 dim ; 4, 9, 40, 155 depuis O'Connell St), à Glasnevin, est plus connu sous le nom de Gravediggers (fossoyeurs) en raison du cimetière attenant où les employés disposaient d'une trappe secrète pour pouvoir boire en travaillant. Fondé en 1833, il est tenu par la même famille depuis six générations, un cas unique à Dublin.

À l'intérieur, le cadre est on ne peut plus traditionnel : sols en pierre, boiseries laquées aux murs, etc. En été, la pelouse du square est envahie de clients profitant du beau temps, tandis que dans la salle, les piliers de bar font en sorte qu'aucun rayon de soleil ne vienne troubler leur Guinness, l'une des meilleures de la ville. Un concentré d'authenticité.

doivent réserver pour manger. Interdit aux moins de 18 ans. (01-532 2699 ; www.tokendublin.ie ; 72-74 Queen St, Smithfield ; 16h-23h mar-mer, 16h-minuit jeu, 16h-1h ven, 13h-1h sam, 13h-23h dim ; 26, 37, 39, 39A, 70 depuis le centre-ville , Smithfield, Museum)

Yamamori Tengu

CLUB

18 PLAN P. 116, F5

Le Yamamori Tengu est un club réparti sur deux étages, diffusant un mix de house, de techno, de soul et de disco avec beaucoup d'espace pour danser, un son de qualité et un bar servant des cocktails et des bières japonaises. La zone fumeurs aux bambous permet de faire un break. On y accède par **Yamamori Sushi** (38-39 Lower Ormond Quay) quand le restaurant est ouvert ou par Great Strand St. (yamamori.ie/tengu ; 37 Great Strand St ; 23h-3h ven-dim ; ts ceux du centre-ville, Jervis)

Confession Box

PUB

19 PLAN P. 116, H3

Ce pub historique tenu par un personnel extrêmement sympathique donne l'occasion de se plonger dans l'histoire locale et de marcher sur les traces de Michael Collins, l'un des leaders de la lutte pour l'indépendance, dont c'était le pub préféré. (01-874 7339 ; c11407968.wixsite.com/ryan ; 88 Marlborough St ; 11h-23h lun-ven, 10h-minuit sam-dim ; Abbey, Marlborough)

Walshs

PUB

20 PLAN P. 116, B3

Si l'arrière-salle du Walshs est libre, profitez-en, vous ne trouverez pas plus authentique en ville pour prendre un verre. Sinon, contentez-vous de son bar à l'ancienne, avec son mélange d'habitants du coin et de jeunes branchés. Un pub très dublinois. (www.walshsstoneybatter.ie ; 6 Stoneybatter ; 15h-23h30 lun-jeu, 15h-0h30 ven, 13h-0h30 sam, 13h-23h dim ; 37, 39, 39A, 70 depuis le centre-ville, Museum, Smithfield)

Pantibar

BAR GAY ET LESBIEN

21 PLAN P. 116, E5

Cet extravagant bar gay appartient à Rory O'Neill, surnommé Panti Bliss, star du documentaire à succès sorti en 2015, *The Queen of Ireland*, retraçant le combat pour l'égalité des droits des homosexuels, qui a abouti au référendum sur le mariage gay en mai 2015. Il est devenu depuis un lieu de pèlerinage pour la communauté LGBTQ et où toutes les excentricités sont permises ! Son propre brassin, Panti's Pale Ale, est une bière magnifique. (www.pantibar.com ; 7-8 Capel St ; 16h-23h30 lun-jeu, 16h-0h30 ven-sam, 16h-23h dim ; ts ceux du centre-ville, Jervis)

Sortir

Abbey Theatre

THÉÂTRE

22 PLAN P. 116, H4

Le théâtre national d'Irlande, fondé en 1904 par W. B. Yeats, a joué un rôle central dans le développement d'une identité culturelle. La meilleure occasion de voir des pièces irlandaises classiques (ainsi que le travail de nouveaux dramaturges) dans un

Croke Park Experience

La Gaelic Athletic Association (GAA) se consacre à la promotion de certains sports irlandais mais surtout à la défense opiniâtre d'une identité culturelle profondément ancrée dans les consciences irlandaises. Pour comprendre l'importance de la GAA, il est indispensable de visiter la **Croke Park Experience** (www.crokepark.ie ; Clonliffe Rd, New Stand, Croke Park ; tarif plein/réduit/3-12 ans musée 8/7/6 €, musée et visite guidée 10/8/7 € ; 9h30-17h lun-sam, 10h-17h dim ; 3, 11,16, 123 depuis O'Connell St). Organisée deux fois par jour (sauf les jours de match), la visite de l'impressionnant stade du Croke Park est essentielle et mérite largement le supplément. L'attraction la plus récente du stade est **Skyline** (www.crokepark.ie ; Croke Park ; tarif plein/réduit/enfant 21/19/13 € ; 10h30-14h30 lun-ven, 10h30-15h30 sam, 11h30-15h30 dim juin, 10h30-14h30 lun-ven, 10h30-15h30 sam-dim juil-août, 11h30 et 14h30 lun-ven, 10h30-14h30 sam, 11h30-14h30 dim sept, 11h30 et 14h30 tlj oct-nov, 14h30 lun-ven, 11h30 et 14h30 sam-dim jan-mai ; 3, 11, 16, 123 depuis O'Connell St), un circuit guidé sur le toit.

lieu historique. (☎ 01-878 7222 ; www.abbeytheatre.ie ; 26/27 Lower Abbey St ; 🚌 ts ceux du centre-ville, 🚊 Abbey, Marlborough)

Gate Theatre

THÉÂTRE

23 ★ PLAN P. 116, G2

Ce théâtre, établi dans un bâtiment de la fin du XVIIIe siècle, propose un répertoire de spectacles classiques irlandais, américains et européens. Orson Welles et James Mason y ont débuté leur carrière. Aujourd'hui encore, c'est le seul théâtre à Dublin où vous pourrez voir des acteurs internationaux à l'affiche. (☎ 01-874 4045 ; www.gatetheatre.ie ; 1 Cavendish Row ; ⏰ spectacles 19h30 mar-ven, 14h30 et 19h30 sam ; 🚌 ts ceux du centre-ville, 🚊 Parnell)

Shopping

Winding Stair

LIBRAIRIE

Installée de longue date, cette élégante librairie (voir 13 Plan p. 116, F5) n'occupe plus désormais que le rez-de-chaussée du bâtiment, les autres étages accueillant un excellent restaurant du même nom (voir p. 122). Vous y trouverez une très bonne sélection de livres récents et anciens. (☎ 01-872 6576 ; www.winding-stair.com ; 40 Lower Ormond Quay ; ⏰ 10h30-18h lun-sam, 12h-18h dim ; 🚌 ts ceux du centre-ville, 🚊 Jervis)

Explorer

Docklands

Les édifices ultramodernes des docks – baptisés "Silicon Docks" – servent de bureaux aux géants des nouvelles technologies : Google, Facebook, Twitter et LinkedIn y ont installé leur siège européen parmi des établissements financiers et d'autres entreprises. Le quartier compte quelques beautés architecturales – comme le célèbre théâtre conçu par Daniel Libeskind – qui se démarquent.

Notre sélection

- ***Jeanie Johnston (p. 132).*** *Grâce à cette réplique à l'identique d'un trois-mâts du XIXe siècle, on comprend dans quelles conditions les Irlandais qui fuyaient la Grande Famine ont traversé l'Atlantique.*
- ***Mémorial de la Grande Famine (p. 131).*** *Rendez hommage aux victimes de la Grande Famine en contemplant les statues de bronze de Rowan Gillespie.*
- ***Bord Gáis Energy Theatre (p. 135).*** *Assister à un spectacle dans cet impressionnant auditorium conçu par Daniel Libeskind.*
- ***Phare de Poolbeg (p. 133).*** *Une balade vivifiante mène à ce phare, qui offre une vue imprenable sur la baie de Dublin.*

Comment y aller et circuler

Les bus 47, 56A et 77A se rendent de Dame Street à l'extrémité de Grand Canal Square. Pour le nord, le 151 va de Bachelor's Walk aux Docklands.

Le terminus de la Luas Red Line se trouve à Point Village.

Le DART s'arrête à Grand Canal Dock.

Plan des Docklands p. 130

Le Samuel Beckett bridge et le Convention Centre (p. 129)

Promenade à pied

Le patrimoine caché des Docklands

Le quartier des docks a beau être le plus récent développement de la ville – la plupart des constructions ont à peine 10 ans –, il cache des éléments du patrimoine historique de Dublin, notamment en lien avec le soulèvement de Pâques 1916. De jolis ponts donnent également l'occasion de prendre de belles photos.

La promenade

Départ CHQ Building

Arrivée Treasury Building

Distance et durée
2 km, 30 minutes

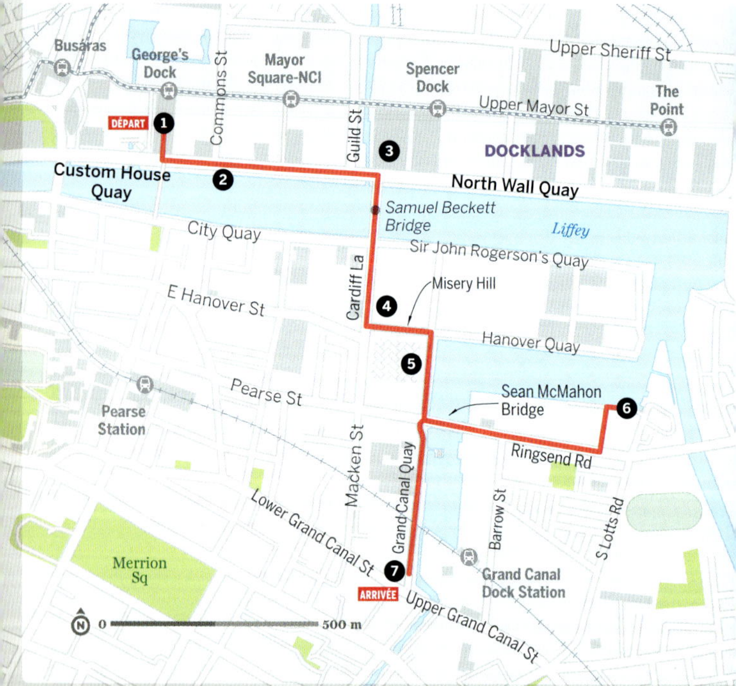

❶ Patrimoine et histoire

Découvrez l'histoire des migrations irlandaises à l'EPIC The Irish Emigration Museum (p. 131), musée high-tech aménagé dans l'immeuble CHQ. Celui-ci abrite aussi l'Irish Family History Centre, où certains retraceront leurs origines irlandaises.

❷ L'ombre de la Grande Famine

Comme une ironie de la vie, se trouve, au cœur du quartier de la finance, le *Jeanie Johnston* (p. 132), le navire du XIXe siècle qui transporta tant d'Irlandais fuyant les ravages de la Grande Famine.

❸ Convention centre

Vous ne pourrez pas manquer le Convention Centre (2010 ; p. 133), de Kevin Roche, avec son atrium incliné en verre, qui est devenu l'un des édifices les plus marquants de la ville. Regagnez la partie sud de la rivière en traversant le Samuel Beckett Bridge, telle une harpe géante, conçu par le célèbre architecte espagnol Santiago Calatrava.

❹ Rooftop Marker Bar

Continuez sur Cardiff Lane et tournez à gauche sur Misery Hill (qui n'a rien ni de misérable ni d'une colline). Sur votre gauche, en face du Bord Gáis Energy Theatre, se trouve le Marker hotel, dont le bar sur le toit est l'un des endroits les plus branchés pour prendre un verre.

❺ Grand Canal Square

Depuis votre point de vue élevé, vous jouissez d'une belle vue sur la place (p. 133) en contrebas, réalisée en 2008 par l'artiste paysagiste américaine Martha Schwartz. Elle se distingue par son tapis de dalles d'un alliage de verre et de résine rouge vif, planté de bâtons lumineux rouges.

❻ Wakeboard

À l'extrémité est du dock, Wakedock (p. 133) permet de tester un sport nautique assez récent, le wakeboard, une discipline entre ski nautique, snowboard et surf. Debout en équilibre sur une planche type surf ou skate reliée par un câble à un bateau à moteur, on glisse sur l'eau en étant tracté.

❼ Treasury Building

À l'angle de Grand Canal St et Macken St, le Treasury Building se dresse à la place la boulangerie de Boland, QG des rebelles de l'insurrection de Pâques 1916. Une sculpture insolite de Rowan Gillespie (auteur du Mémorial de la Grande Famine sur Custom House Quay), *Aspiration*, représente une femme qui escalade le bâtiment.

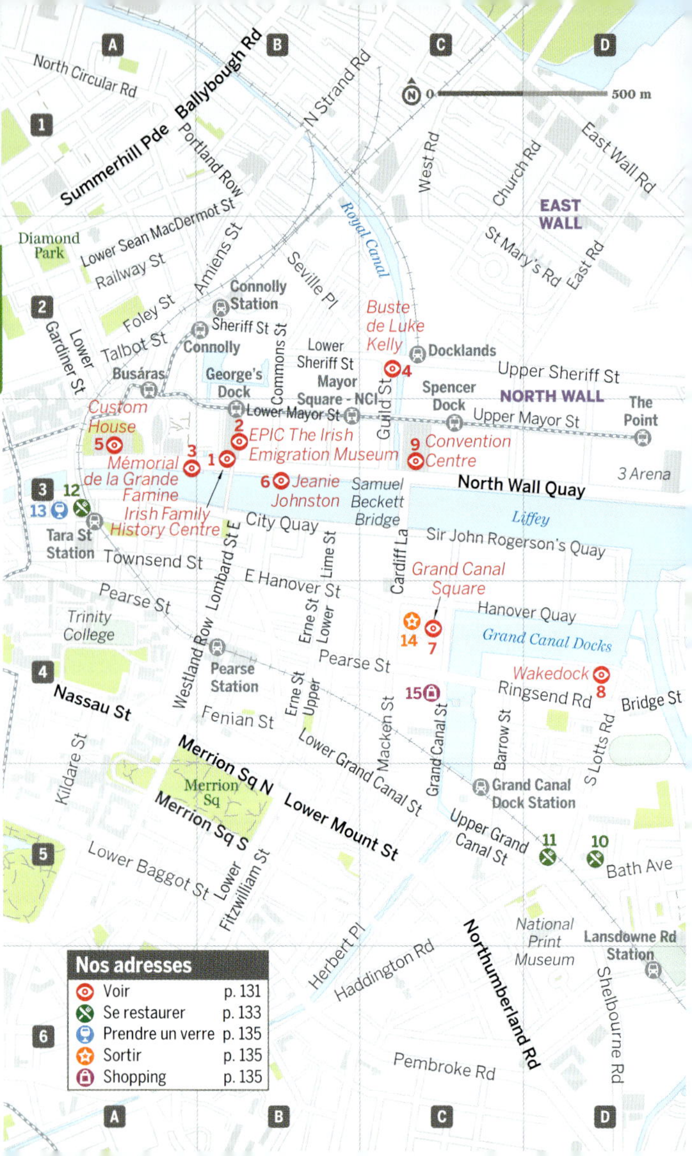
A
B
C
D
1
2
3
4
5
6
0
500 m
North Circular Rd
Ballybough Rd
Summerhill Pde
Portland Row
N Strand Rd
West Rd
Church Rd
East Wall Rd
EAST WALL
Diamond Park
Lower Sean MacDermot St
Railway St
Amiens St
Seville Pl
Royal Canal
St Mary's Rd
East Rd
Connolly Station
Foley St
Sheriff St
Talbot St
Connolly
Lower Gardiner St
Busáras
George's Dock
Commons St
Lower Sheriff St
Mayor Square - NCI
Lower Mayor St
Buste de Luke Kelly
4
Docklands
Guild St
Spencer Dock
Upper Sheriff St
NORTH WALL
Upper Mayor St
The Point
Custom House
5
2
EPIC The Irish Emigration Museum
9
Convention Centre
3
Mémorial de la Grande Famine
1
6
Jeanie Johnston
Samuel Beckett Bridge
North Wall Quay
3 Arena
12
13
Irish Family History Centre
Tara St Station
City Quay
Liffey
Sir John Rogerson's Quay
Cardiff La
Townsend St
Lombard St E
E Hanover St
Lime St
Grand Canal Square
Pearse St
Trinity College
Hanover Quay
14
7
Westland Row
Erne St Lower
Pearse Station
Grand Canal Docks
Wakedock
8
Pearse St
Erne St Upper
15
Ringsend Rd
Bridge St
Nassau St
Fenian St
Macken St
Grand Canal St
Barrow St
S Lotts Rd
Kildare St
Merrion Sq N
Merrion Sq
Lower Grand Canal St
Grand Canal Dock Station
Merrion Sq S
Lower Mount St
Upper Grand Canal St
11
10
Bath Ave
Lower Baggot St
Lower Fitzwilliam St
Herbert Pl
Haddington Rd
Northumberland Rd
National Print Museum
Lansdowne Rd Station
Shelbourne Rd
Pembroke Rd
Nos adresses
Voir p. 131
Se restaurer p. 133
Prendre un verre p. 135
Sortir p. 135
Shopping p. 135

Voir

Irish Family History Centre — CENTRE CULTUREL

1 PLAN P. 130, B3

Grâce à des écrans interactifs, venez découvrir les siècles d'émigration irlandaise, l'histoire de votre famille et l'histoire de votre nom. Le prix du billet comprend une séance de 30 minutes (55 €) avec un généalogiste, qui peut être allongée d'une heure (95 €) voire d'une heure et demie (135 €). (01-905 9216 ; www.irishfamilyhistorycentre.com ; CHQ Bldg, Custom House Quay ; consultation 30/60/90 min 55/95/135 € ; 12h-16h ; George's Dock)

EPIC The Irish Emigration Museum — MUSÉE

2 PLAN P. 130, B3

Ce musée high-tech présente les vagues de migration irlandaises et leurs conséquences sur le pays, ainsi que la communauté de quelque 70 millions de personnes réparties dans le monde entier qui se revendiquent d'origine irlandaise. Prenez votre "passeport" d'entrée et parcourez la vingtaine de salles où des animations permettent de découvrir les raisons de l'émigration et l'importance de la diaspora à travers le monde. (01-906 0861 ; www.epicchq.com ; CHQ Bldg, Custom House Quay ; tarif plein/réduit/13-17 ans/6-12 ans 17,50/16/11,50/9 €, -1 € sur les billets achetés en ligne ; 10h-18h45, dernière entrée 17h ; George's Dock)

Mémorial de la Grande Famine — MÉMORIAL

3 PLAN P. 130, A3

Juste à l'est de Custom House (p. 132) se trouve l'un des exemples les plus frappants de commande publique : le groupe de figures de bronze grandeur nature (1997) du sculpteur irlandais Rowan Gillespie, appelé *Famine*, conçu pour commémorer la Grande Famine (1845-1852), qui fit un million de morts (environ un huitième de la population irlandaise de l'époque). Les regards véritablement hantés et tourmentés témoignent de la réalité de la catastrophe – provoquée, entre autres causes, par une maladie de la pomme de terre – qui ravagea les cultures. (Custom House Quay ; ts ceux du centre-ville, George's Dock)

Buste de Luke Kelly — SCULPTURE

4 PLAN P. 130, C2

En vous promenant vous tomberez sur cet impressionnant buste du célèbre chanteur-compositeur de musique folk irlandaise Luke Kelly (1940-1984) réalisé en marbre et en métal par Vera Klute, une jeune artiste allemande. L'œuvre se trouve dans la rue où naquit Luke Kelly. Trois mille fils de cuivre composent la célèbre chevelure rousse et frisée de l'artiste ainsi que sa barbe. (Mayor Square-NCI ou Spencer Dock)

Custom House

Custom House

MUSÉE

5 PLAN P. 130, A3

James Gandon (1743-1823) a fait une entrée remarquée sur la scène architecturale dublinoise avec ce magnifique bâtiment (1781-1791), construit après Eden Quay, au bord de la Liffey. C'est un édifice néoclassique colossal de 114 m de long, surmonté d'un dôme de cuivre. (Custom House Quay ; 046-940 7140 ; heritageireland.ie/visit/places-to-visit/custom-house-visitor-centre/#place--opening ; Custom House Visitor Centre tarif plein/réduit 6/3-5 €, visite guidée 8/4-6 € ; 10h-17h30, dernière entrée 16h45 ; ts ceux du centre-ville, Busáras)

Jeanie Johnston

BATEAU, MUSÉE

6 PLAN P. 130, B3

Voici la réplique à l'identique d'un trois-mâts du XIXe siècle, qui transportait les Irlandais fuyant la Grande Famine. Un petit musée à bord présente les conditions d'une éprouvante traversée, qui prenait environ 47 jours – même si l'original de ce bateau a fait 16 voyages transatlantiques entre 1848 et 1855, transportant plus de 2 500 personnes, sans qu'il y ait de décès à bord. (www.jeaniejohnston.ie ; Custom House Quay ; tarif plein/réduit/13-17 ans/4-12 ans 12/10/9/7 € ; visite ttes les heures 10h-16h ; ts ceux du centre-ville, George's Dock, Mayor Square – NCI)

Grand Canal Square PLACE

7 PLAN P. 130, C4

Voici une vaste place inaugurée en 2008 et imaginée par la paysagiste américaine Martha Schwartz, connue pour son long "tapis" écarlate parsemé de tubes rouges en résine et en verre éclairés la nuit. (Grand Canal Dock)

Wakedock SPORT NAUTIQUE

8 PLAN P. 130, D4

Essayez-vous au wakeboard, sport entre ski nautique, snowboard et surf. Debout en équilibre sur une planche de type surf ou skate reliée par un câble à un bateau à moteur et ainsi tracté, on glisse sur l'eau et on saute sur les obstacles et rampes installés dans l'eau. Il est possible de louer des combinaisons (2 €). (01-668 3945 ; www.wakedock.ie ; Grand Canal Dock ; cours 30 min tarif plein/réduit 60/45 € ; 12h-20h mar-ven, 10h-20h sam-dim ; 47, 56A, 77A depuis le centre-ville, Grand Canal Dock)

Convention Centre ARCHITECTURE

9 PLAN P. 130, C3

Cet édifice, dont la partie centrale, inclinée a la forme d'un tube, a été imaginé par Kevin Roche (1922-2019) et construit en 2011. Il est très photogénique la nuit, lorsqu'il est illuminé. (theccd.ie ; Spencer Dock, North Wall Quay ; fermé au public ; Mayor Square – NCI, Spencer Dock)

Phare de Poolberg

Promenez-vous le long du *Great South Wall* jusqu'au **Poolbeg Lighthouse** (South Wall ; 24h/24 ; 1, 47, 56A, 77A depuis le centre-ville), phare rouge que l'on aperçoit au milieu de la baie de Dublin. Initialement érigé en 1768, il a été reconstruit en 1820. Pour le rejoindre, prenez le bus jusqu'à Ringsend depuis le centre-ville, dépassez la centrale thermique (vous en aurez pour un 1 km), puis le trajet jusqu'au phare n'est pas très long – environ 800 m. Vous aurez alors une vue imprenable sur la baie de Dublin et sur la ville, encore plus belle au coucher du soleil.

Se restaurer

Juniors Deli & Cafe ITALIEN €€

10 PLAN P. 130, D5

Semblable à un vieux café exigu imitant un deli new-yorkais, Juniors est tout sauf ordinaire. La cuisine (d'influence italienne, à base d'ingrédients locaux) y est délicieuse, l'atmosphère toujours animée (il est souvent difficile d'avoir une table) et l'ambiance chaleureuse, grâce aux deux frères aux manettes. (01-664 3648 ; www.juniors.ie ; 2 Bath Ave ; plats 22-28 € ; 8h30-10h30 et 12h-14h30 lun-ven, 17h-22h mer-jeu, 17h-22h30 ven, 11h-14h30 et 15h-22h30 sam, 11h-14h30 et 15h-20h dim ; 4, 7, 7A

DERICK HUDSON / SHUTTERSTOCK ©

Grand Canal Square et le Bord Gáis Energy Theatre

depuis le centre-ville, Grand Canal Dock)

Paulie's Pizza

ITALIEN **€€**

11 PLAN P. 130, D5

Au milieu de ce sympathique restaurant, parfois trop animé, se tient un four à bois utilisé pour cuire des pizzas parmi les meilleures de la ville. Au menu : *margherita, bianca* (sans sauce tomate), *calzone* napolitaines, mais aussi de lointaines cousines new-yorkaises, voire quelques créations locales ! (01-664 3658 ; www.paulies.ie ; 58 Upper Grand Canal St ; pizzas 12-18,50 € ; 17h-22h lun-jeu, 17h-22h30 ven, 14h-22h30 sam, 14h-21h30 dim ; ; 4, 7, 7A depuis le centre-ville, Grand Canal Dock)

Workshop Gastropub

IRLANDAIS **€€**

12 PLAN P. 130, A3

Placez un chef visionnaire et entreprenant à la tête d'un pub traditionnel et vous obtenez un *gastropub* (étrangement, Dublin en compte assez peu) ! Au menu : hamburgers, moules-frites, sandwichs et un bon choix de salades. À savourer dans un cadre très chaleureux (Kennedy's ; 01-677 0626 ; facebook.com/theworkshopgastropub/ ; 10 George's Quay ; plats 10-24 € ; 16h30-23h30 mer-jeu, 16h30-0h30 ven-sam ; ; ts ceux du centre-ville, Tara St)

Prendre un verre

John Mulligan's

PUB

13 PLAN P. 130, A3

Fondé en 1782 et installé à cette adresse depuis 1854, ce charmant bar à l'ancienne est une véritable institution dans la capitale, et y prendre un verre tient quasiment du rituel sacré. John Fitzgerald Kennedy lui-même y a trinqué avec les habitués ! (01-677 5582 8 Poolbeg St ; 12h-23h30 lun-mer, 12h-0h30 jeu, 11h-0h30 ven-sam, 12h30-23h dim ; ts ceux du centre-ville, Tara St)

Sortir

Bord Gáis Energy Theatre

THÉÂTRE

14 PLAN P. 130, C4

Ce chef-d'œuvre de l'architecte américain Daniel Libeskind est un auditorium à trois niveaux, de 2 100 places, où vous pourrez assister aussi bien à un ballet du Bolchoï qu'à un spectacle de *Dirty Dancing* ou à un concert de Barbra Streisand. Il a été inauguré en 2010. La salle, magnifique, est vraiment conçue pour le classique. (01-677 7999 ; www.bordgaisenergytheatre.ie ; Grand Canal Sq ; Grand Canal Dock, Pearse)

Shopping

Design Tower

ARTISANAT

15 PLAN P. 130, C4

Installé dans une ancienne raffinerie de sucre du XIXe siècle qui fut la première structure en fer de Dublin, ce centre de design de sept étages abrite près de 20 ateliers d'artisans, qui fabriquent des bijoux inspirés de la culture celte, des tentures murales, ou encore des sacs en cuir. Certains ateliers ne sont ouverts que sur rendez-vous ; vérifiez sur le site Internet. (01-677 5655 ; www.thedesigntower.com ; Pearse St ; 9h-17h lun-ven ; Grand Canal Dock, Pearse)

Explorer

Rive sud

Pour découvrir un aspect plus chic de la ville, gagnez les quartiers situés au sud de Grand Canal, en particulier Ballsbridge, Donnybrook et Ranelagh, qui figurent parmi les secteurs résidentiels les plus agréables et les plus coquets de la ville. S'ils ont peu de sites touristiques, ils offrent en revanche un bon aperçu du Dublin huppé, avec nombre de bars, restaurants et manifestations sportives.

Notre sélection

- ***Aviva Stadium (p. 143).*** *On vient y encourager Leinster ou l'équipe d'Irlande (pour un match de rugby ou de football).*
- ***Herbert Park (p. 139).*** *Un très agréable espace vert où il fait bon faire une pause.*
- ***Stella Theatre (p. 142).*** *Un film dans la salle la plus chic de la ville, un cinéma rénové de style Art déco.*
- ***Bonnes tables (p. 140).*** *Dîner dans les quartier de Rathmines et Ranelagh est toujours un plaisir, comme chez Manifesto.*
- ***National Print Museum (p. 139).*** *Vous saurez tout sur la passionnante histoire l'imprimerie.*

Comment y aller et circuler

Depuis le centre-ville, prenez les bus 4, 7, ou 7A, pour Ballsbridge, les 39A, 46A 145 ou 155 pour Donnybrook et les 14, 15 ou 83 pour Rathmines.

La ligne verte Luas rejoint Ranelagh depuis St Stephen's Green.

Le DART dessert Sandymount (pour Bath Ave) et Lansdowne Rd.

Plan de la rive sud p. 138

Aviva Stadium (p. 143) ABD / SHUTTERSTOCK ©

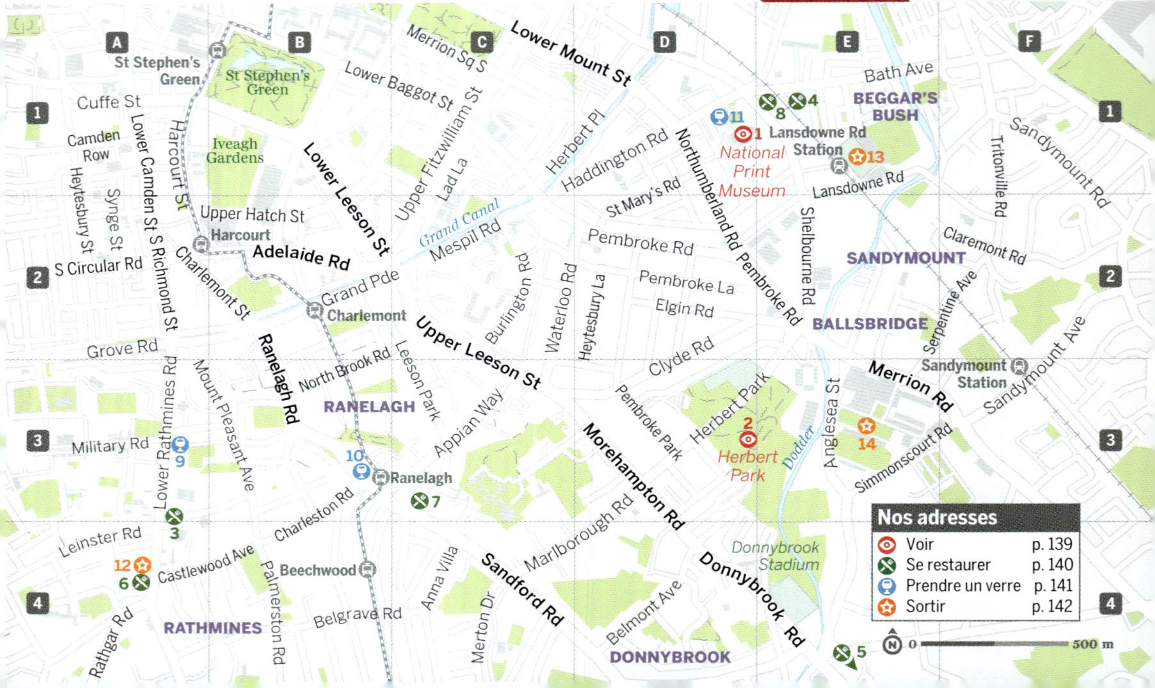
A
B
C
D
E
F
1
2
3
4
St Stephen's Green
Cuffe St
Camden Row
Heytesbury St
Synge St
Lower Camden St
S Richmond St
Harcourt St
Iveagh Gardens
Upper Hatch St
Harcourt
Adelaide Rd
S Circular Rd
Charlemont St
Grand Pde
Charlemont
Lower Baggot St
Merrion Sq S
Lower Mount St
Upper Fitzwilliam St
Lad La
Lower Leeson St
Grand Canal
Mespil Rd
Herbert Pl
Haddington Rd
St Mary's Rd
Northumberland Rd
Pembroke Rd
Pembroke La
Elgin Rd
Clyde Rd
Burlington Rd
Waterloo Rd
Heytesbury La
Upper Leeson St
Grove Rd
Ranelagh Rd
North Brook Rd
Leeson Park
RANELAGH
Appian Way
Military Rd
Lower Rathmines Rd
Mount Pleasant Ave
Ranelagh
Charleston Rd
Leinster Rd
Castlewood Ave
Beechwood
Palmerston Rd
Belgrave Rd
Anna Villa
Merton Dr
Sandford Rd
Marlborough Rd
Morehampton Rd
Pembroke Park
Herbert Park
Belmont Ave
Donnybrook Rd
Donnybrook Stadium
DONNYBROOK
RATHMINES
Rathgar Rd
Bath Ave
BEGGAR'S BUSH
Lansdowne Rd Station
National Print Museum
Lansdowne Rd
Shelbourne Rd
SANDYMOUNT
BALLSBRIDGE
Dodder
Anglesea St
Merrion Rd
Sandymount Station
Serpentine Ave
Claremont Rd
Tritonville Rd
Sandymount Rd
Sandymount Ave
Simmonscourt Rd
1
2
3
4
5
6
7
8
9
10
11
12
13
14
Nos adresses
Voir p. 139
Se restaurer p. 140
Prendre un verre p. 141
Sortir p. 142
N
0
500 m

Voir

National Print Museum

MUSÉE

1 PLAN P. 138, D1

Nul besoin de s'intéresser à l'imprimerie pour être séduit par ce petit musée atypique et passionnant, où les visites guidées personnalisées (à 11h30 tous les jours et à 14h30 lundi, mardi, jeudi et vendredi) sont menées avec décontraction et enthousiasme. Après avoir regardé un film retraçant l'histoire de l'imprimerie en Irlande, vous pourrez déambuler parmi les diverses presses anciennes (toujours en service), dans un cadre baigné de cette alliance, un brin surannée, d'odeurs d'encre et de métal. (01-660 3770 ; www.nationalprintmuseum.ie ; Haddington Rd, Old Garrison Chapel, Beggar's Bush ; entrée libre ; 10h-16h mar-ven, 12H-16h sam-dim ; 4, 7 depuis le centre-ville, Grand Canal Dock, Lansdowne Rd)

Herbert Park

PARC

2 PLAN P. 138, D3

Tout près du Royal Dublin Society Showground (p. 143) s'étendent de vastes pelouses bien entretenues, des bassins et de magnifiques parterres de fleurs. Le parc longe la Dodder, entre les quartiers élégants de Ballsbridge et de Donny-brook. Avec courts de tennis et aire de jeux pour enfants. (Ballsbridge ; lever-coucher du soleil ; 4, 7, 7A, 39A, 46A, 145, 155

Caratères typographiques, National Print Museum

Les deux Mike

À la recherche du meilleur endroit pour manger des fruits de mer ? Il faudra vous rendre un peu plus au sud, dans le quartier de Mount Merrion, chez **Michael's** (01-278 0377 ; www.michaels.ie ; 57 Deerpark Rd ; plats 18,50-36 € ; 16h-22h mer, midi-22h jeu-dim ; 46A, 47, 145, 155 depuis le centre-ville), où le chef, Gaz Smith, prépare le poisson frais et les crustacés à la perfection. **Little Mike's** (voir ci-contre), quelques portes plus bas, est plus décontracté – idéal pour grignoter les mêmes assiettes autour d'un bon verre de vin.

depuis le centre-ville, Sandymount, Lansdowne Rd).

Se restaurer

Manifesto ITALIEN €€

3 PLAN P. 138, A3

Patienter pour obtenir une table dans ce petit restaurant italien, victime de son succès, vaut largement la peine : les pizzas sont savamment composées, notamment à base de brocoli et de câpres siciliennes (d'autres garnitures également). La carte des vins est inventive, avec un large choix de crus servis au verre. Bon appétit ! (01-496 8096 ; facebook.com/manifestorestaurant/ ; 208 Lower Rathmines Rd ; pizzas 12-17 €, plats 19-25 € ; 17h-22h ; 14, 15, 140 depuis le centre-ville)

Farmer Brown's INTERNATIONAL €€

4 PLAN P. 138, E1

La décoration un rien tape-à-l'œil peut déplaire, mais le brunch préparé ici est notre préféré à Dublin. De la purée d'avocat au sandwich au porc roboratif, les petits-déjeuners sont copieux et méritent largement le déplacement. Autre **adresse** (01-567 6956 ; www.farmerbrowns.ie ; 170 Lower Rathmines Rd ; plats déj/dîner 9-14,95/14,50-21 € ; 10h-22h lun-sam, 10h-21h dim ; 14, 15, 140 depuis le centre-ville) à Rathmines. (01-567 6956 ; www.farmerbrowns.ie ; 25A Bath Ave ; brunch 9-14,25 €, déj 8,50-13,95 € ; 10h-16h mer-dim ; ; 4, 7A depuis le centre-ville, Grand Canal Dock)

Little Mike's FRUITS DE MER €€

5 PLAN P. 138, E4

Dans ce bistrot inauguré en 2019, asseyez-vous au bar autour d'un verre de vin et commandez les assiettes de fruits de mer qui ont fait la renommée de Michael's, la maison mère. Little Mike's – voir l'encadré ci-contre – est plus décontracté et seulement quelques portes plus bas. (www.littlemikes.ie ; 63 Deerpark Rd ; plats 15-32 € ; 12h-22h ven-sam ; 47, 145, 155 depuis le centre-ville)

Stella Diner

DINER **€€**

6 PLAN P. 138, A4

Sans surprise, cette adresse chic met en avant une cuisine américaine réconfortante : hot dogs et hamburgers sont servis sur des banquettes en cuir rouge. Ici, on sert aussi les meilleurs pancakes de la ville – moelleux, légers et dégoulinant de sirop d'érable. Et comme tout bon diner aux États-Unis : café à volonté ! (01-496 7063 ; www.stelladiner.ie ; 211 Lower Rathmines Rd ; plats 12,50-19,95 € ; 8h-22h ; 14, 15, 15A, 140 depuis le centre-ville)

Butcher Grill

INTERNATIONAL **€€**

7 PLAN P. 138, C3

Dans ce formidable restaurant, venez déguster des viandes de provenance locale et savamment grillées au feu de bois, comme les travers de porc et les somptueuses côtes de bœuf à partager – peu d'adresses en ville satisfont à ce point les amateurs de viande. Le rôti servi le week-end, accompagné de pommes de terre sautées dans de la graisse de canard et de *yorkshire pudding*, est excellent. Les Dublinois apprécient également son brunch. (01-498 1805 ; www.thebutchergrill.ie ; 92 Ranelagh Rd ; plats 20-30 € ; 17h-tard lun-mar et jeu-sam, 12h-15h30 et 17h30-tard dim ; Ranelagh)

Chophouse

GASTROPUB **€€**

8 PLAN P. 138, E1

Ce vaste bar est aussi un *gastropub* où l'on se régale de steaks goûteux. Il sert aussi un bon choix de plats de poisson, poulet et agneau et est réputé pour son déjeuner dominical, en particulier le rôti de porc lentement mijoté. Il fait salle comble les soirs de match à l'Aviva Stadium (voir p. 143). (01-660 2390 ; www.thechophouse.ie ; 2 Shelbourne Rd ; déj 18-25 €, dîner 19-42 € ; 12h-14h15 et 17h-21h15 mar-ven, 17h-21h15 lun et sam, 13h30-18h30 dim ; 4, 7, 7A, 120 depuis le centre-ville, Grand Canal Dock)

Prendre un verre

Blackbird

PUB

9 PLAN P. 138, A3

Meubles dépareillés, recoins intimistes et jeux vidéo rétro, ce bar douillet et éclairé aux bougies est le parfait exemple des nouveaux pubs irlandais. Bonne sélection de bières traditionnelles et artisanales. (01-559 1940 ; facebook.com/BlackbirdRathmines ; 82-84 Lower Rathmines Rd ; 16h-minuit lun-jeu, 16h-1h ven, 12h-1h sam, 12h-minuit dim ; ; 14, 15, 15A, 140 depuis le centre-ville)

Taphouse

BAR

10 PLAN P. 138, B3

Bien que les habitués continuent de l'appeler le Russell's, son ancien nom, ils apprécient le coup de jeune que les nouveaux propriétaires ont apporté à cette vieille enseigne du quartier. Le balcon est idéal pour prendre un verre par beau temps. (01-491 3436 ; www.taphouse.ie ; 60 Ranelagh Rd ; 12h30-23h30 lun-jeu, 12h30-0h30 ven-sam, 12h30-23h dim ; Ranelagh)

Beggar's Bush

PUB

11 PLAN P. 138, D1

Ardent défenseur de l'esthétique traditionnelle des pubs, le Ryan's (comme le surnomme les habitués) a concédé à la modernité l'ajout d'une terrasse. Tout le reste semble n'avoir jamais changé, d'où sans doute le succès du lieu auprès d'une large population, des retraités du coin aux jeunes qui travaillent non loin. (Jack Ryan's ; 01-668 2650 beggarsbush.com ; 115 Haddington Rd ; 10h30-23h30 lun-jeu, 10h30-minuit, 10h30-0h30 sam, 12h30-23h dim ; 4, 7, 7A, 120 depuis le centre-ville, Grand Canal Dock)

Sortir

Stella Theatre

CINÉMA

12 PLAN P. 138, A4

Une sortie cinéma au Stella Theatre est forcément glamour. L'entrée exiguë s'ouvre sur un splendide cadre Art déco aux confortables sièges en cuir assortis aux tables et tabourets. Prévoyez du temps pour commander le plat qui vous sera servi pendant le film, ou réservez

Da Nort'soyid (rive nord) et le Southsyde (rive sud)

La rive sud a une réputation de quartier chic, tandis que la rive nord serait beaucoup plus défavorisée – du moins avant que la gentrification soit à l'œuvre et transforme le centre-ville. Même si, en grande majorité, la ville a été lissée par les promoteurs immobiliers, les point de vue sur les différents quartiers restent inchangés.

La rive sud ou "Southside" désigne généralement le quartier de Dublin 4 et les élégantes banlieues voisines juste à l'ouest et au sud – ignorant allègrement les quartiers traditionnellement ouvriers du sud-ouest de Dublin, comme Bluebell et Tallaght. Le nord de Dublin est très vaste, mais le terme "rive nord" ("Northside") est généralement utilisé pour désigner les banlieues internes, où les revenus sont plus modestes, l'accent de Dublin plus prononcé et où – depuis peu – la population issue de l'immigration est davantage représentée.

Tous les Dublinois connaissent bien le stéréotype du natif chic de la rive sud, mais il en existe qui, habitant pour la plupart les quartiers de classe moyenne du nord de Dublin, adopteront à dessein un accent "peuple" et discuteront de tout et de rien à grand renfort d'expressions du terroir.

Royal Dublin Society Showground

une table au bar à cocktails à l'étage pour après la séance. (☎01-496 7014 ; stellacinemas.ie/rathmines/ ; 207-209 Lower Rathmines Rd ; entrée à partir de 19 € ; ⏲horaires variables ; 🚌14, 15, 15A, 140 depuis le centre-ville)

Aviva Stadium — STADE

13 ⭐ PLAN P. 138, E1

Au cœur du quartier huppé de Donnybrook, ce stade, où prennent place jusqu'à 50 000 personnes, reçoit les matchs internationaux de rugby et de football. Ambiance garantie ! (☎01-238 2300 ; www.avivastadium.ie ; 11-12 Lansdowne Rd ; 🚆Lansdowne Rd)

Royal Dublin Society Showground — SPECTACLE SPORTIF

14 ⭐ PLAN P. 138, E3

Cet étonnant espace d'exposition datant de l'époque victorienne reçoit différentes manifestations tout au long de l'année. La plus importante est le **Dublin Horse Show**, en août, qui comprend un concours hippique international. L'équipe Leinster Rugby y dispute également ses matchs à domicile dans le stade, d'une capacité de 35 000 places. Renseignez-vous à l'office du tourisme pour connaître les événements prévus. (RDS Showground ; ☎01-668 0866 ; www.rds.ie ; Merrion Rd, Ballsbridge ; 🚌4, 7, 7A depuis Trinity College, 🚆Sandymount)

COLEMAN

Carnet pratique

Pont O'Connell sur la Liffey PAWEL GAUL/GETTY IMAGES ©

Avant de partir

Hébergement

Un nombre toujours croissant de visiteurs entraîne une pénurie de chambres et la hausse du prix des hôtels, en particulier le week-end, à la haute saison (de mai à septembre). On trouve encore de bons hébergements de catégorie moyenne au nord de la Liffey, mais la plupart des établissements sont toutefois concentrés au sud du fleuve, avec des demeures georgiennes à prix moyen et des hôtels de luxe. Pour les voyageurs au budget serré, il existe une bonne sélection d'auberges de jeunesse, disposant de chambres privées et de dortoirs. Il faut donc penser à réserver son hébergement bien à l'avance. Sachez également que les hôtels d'affaires affichent des tarifs réduits le week-end.

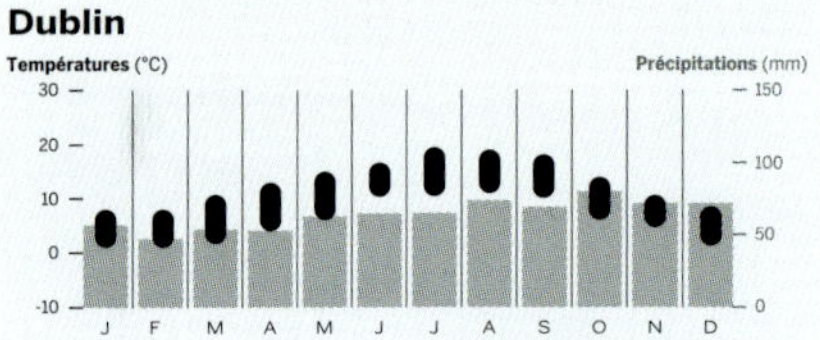

Quand partir

- **Mai**
  Pluie et soleil sont au rendez-vous.
- **Juin-août**
  Temps clément.
- **Septembre**
  Un mois souvent ensoleillé et chaud.
- **Novembre-février**
  Il fait froid et parfois le temps reste sec.

Sites Internet

All Dublin Hotels (www.irelandhotels.com). Bonne sélection d'hébergements.

Daft.ie (www.daft.ie). Pour trouver une location à Dublin.

Dublin Hotels (www.dublinhotels.com). Hôtels du centre-ville et autour.

Dublin Tourism (www.visitdublin.com). Réservez directement via le site de l'office du tourisme.

Hostel Dublin (www.hosteldublin.com). Recommandé pour l'hébergement en auberge de jeunesse.

Lonely Planet (lonelyplanet.fr). Recommandations des auteurs et réservations.

Petits budgets

Generator Hostel (staygenerator.com). Auberge de jeunesse sympathique au nord de la ville.

Isaacs Hostel (isaacs.ie). Excellente auberge de jeunesse près de Connolly Station.

Catégorie moyenne

Ariel House (www.ariel-house.net). Du luxe à prix raisonnable.

Devlin Hotel (www.thedevlin.ie). Hôtel excentré très convivial.

Brooks Hotel (www.brookshotel.ie). Accueillant, douillet et disposant d'un cinéma.

Aloft Dublin City (www.alofthotels.com). Vue exceptionnelle depuis le toit-terrasse.

Number 31 (www.number31.ie). Un petit bijou d'architecture moderne.

Catégorie supérieure

Merrion (www.merrionhotel.com). Établissement sophistiqué, élégant et central.

Shelbourne (www.theshelbourne.com). Institution dublinoise.

Conrad Dublin (www.conradhotels.com). Magnifiques chambres modernes.

Westbury (www.doylecollection.com). Élégant et très central.

Marker (www.anantara.com/en/the-marker-dublin). Architecture raffinée.

Arriver à Dublin

Voie aérienne

Depuis la France

Dublin et Paris sont reliés par des vols directs. **Air France** (www.airfrance.fr) assure des vols directs Paris-CDG à Dublin (aller-retour à partir de 103 €, durée 1 heure 50).

La compagnie irlandaise **Aer Lingus** (www.aerlingus.com) assure des vols directs quotidiens depuis Paris-CDG (aller-retour à partir de 90 €, durée 1 heure 50) et de nombreuses villes, notamment Bordeaux, Lyon, Marseille, Nantes, Toulouse et Nice.

La compagnie low cost **Ryanair** (www.ryanair.com) propose des vols avantageux (aller-retour à partir de 30 €), sous certaines conditions et depuis de nombreuses villes. **Transavia** (www.transavia.com) a également des vols économiques (à parti de 39 € l'A-R) au départ de Paris (Orly).

Depuis la Belgique

Les compagnies aériennes **Aer Lingus** (www.aerlingus) et **Ryanair** (www.ryanair.com) proposent des vols directs depuis Bruxelles. Les prix sont comparables à ceux pratiqués depuis la France.

Depuis la Suisse

Aer Lingus (www.aerlingus) relie Dublin à Genève par un vol direct. Il faut compter au minimum 120 FS l'aller-retour (durée 2 heures 10). Également des vols directs Zurich-Dublin (durée 2 heures 15). **Swiss International Air** (www.swiss.com) dessert Dublin depuis Genève – direct ou avec escale à Zurich – compter à partir de 133 FS l'aller-retour.

Depuis le Canada

Air Canada (www.aircanada.com) propose des vols directs Toronto-Dublin à partir de 506 $C l'aller-retour (durée 6 heures 25). **Aer Lingus** (www.aerlingus) assure également une liaison directe Toronto-Dublin une fois par jour via un vol de nuit (à partir de 495 $C l'aller-retour, durée 6 heures 45).

Aéroport de Dublin

À 13 km au nord du centre-ville, l'**aéroport international de Dublin** (☎ 01-944 1111 ; www.dublinairport.com)

propose des liaisons directes vers la plupart des villes d'Europe et une dizaine de villes d'Amérique du Nord. Il possède deux terminaux : les vols internationaux utilisent le Terminal 2 ; Air France, Swiss Air, Air Canada, Transavia ou bien encore Ryanair utilisent le Terminal 1. Les deux terminaux offrent tous les services nécessaires : pubs, restaurants, boutiques, DAB et agences de location de véhicules.

Aircoach (☎ 01-844 7118 ; aircoach.ie ; aller simple/aller-retour 7/8 €). Service de bus privés avec trois itinéraires desservant une quinzaine de destinations en ville, dont les principales rues du centre. Les bus partent toutes les 30 minutes de 6h à minuit, puis toutes les heures de 3h à 6h.

Dublin Express (www.dublinexpress.ie ; billet en ligne adulte/enfant aller simple 6/2,50 €, adulte/enfant aller-retour 8/3,50 €) Le bus 782 part toutes les 30 minutes de 4h à minuit et circule entre l'aéroport et Custom House Quay.

Dublin Bus (www.dublinbus.ie ; 59 Upper O'Connell St). Plusieurs bus desservent l'aéroport depuis divers arrêts de Dublin, notamment le **bus 16** (Ballinteer, Kingston ; ⏲ 6h-23h30 lun-sam, 8h-23h30 dim, ttes les 15 minutes environ), et le **bus 41** (Lower Abbey St ; ⏲ 24h/24 tlj, ttes les 30 minutes environ) ; ils rejoignent l'aéroport en passant par le centre-ville.

Taxi Il y a une station de taxis juste à l'extérieur des deux terminaux. La course pour rejoindre le centre prend à peu près 45 minutes et coûte environ 25 €, dont 3,80 € de prise en charge (4,20 € de 20h à 8h, ainsi que les dimanches et jours fériés). Vérifiez que le compteur est bien allumé.

Terminal du port de Dublin

Le **Dublin Port Terminal** (☎ 01-887 6000 ; Alexandra Rd ; 🚌 53 depuis Talbot St) se situe à 3 km au nord-est du centre-ville.

Bus La compagnie **Morton's Bus** (www.mortonscoaches.ie ; adulte/enfant 3,50/2 € ; ⏲ 7h15, 12h30, 14h et 19h), fait la liaison en bus express depuis/vers le port de Dublin, au départ de Westmoreland St, avec des horaires harmonisés avec les départs des ferrys. Sinon, le bus 53 dessert le port depuis Talbot St. Les arrivées des ferrys coïncident avec les horaires des bus en direction du centre-ville.

Comment circuler

Vélo

- Dublin est une ville relativement plate et compacte qui se prête particulièrement bien au vélo. Vous pourrez traverser la ville en un clin d'œil, et les banlieues sont bien plus accessibles aux cyclistes.
- **Dublinbikes** (www.dublinbikes.ie), est un système de vélos en libre-service avec plus de 100 stations en ville.
- Achetez une carte valable 3 jours à 5 €

(caution de 150 € avec la carte bancaire) en ligne ou sur certaines bornes acceptant les cartes bancaires.

- Vous obtiendrez un ticket avec numéro d'abonnement et code secret qui vous permettra de prendre un vélo, lequel sera gratuit pendant les 30 premières minutes, puis 0,50 € pour chaque demi-heure supplémentaire.
- La ville a un réseau grandissant de pistes cyclables, indiquées en rouge, notamment au sud de la Liffey, mais de gros véhicules comme les camions et les bus empiètent souvent sur les voies réservées aux deux-roues, grand problème du centre-ville. Il faut faire preuve de prudence.

Bus

- Les bus circulent de 6h (quelques-uns partent à 5h30) à 23h30 environ. **Dublin Bus** (01-873 4222 ; www.dublinbus.ie ; 59 Upper O'Connell St ; 8h30-17h30 lun-ven, 9h-14h sam, 9h30-14h dim ; ts ceux du centre-ville) propose une application gratuite incluant tous les services.

Se déplacer à moindres frais

DoDublin Card (45 €). Voyages illimités à bord de tous les bus, y compris les bus Airlink et le bus touristique Dublin hop-on, hop-off. Ce forfait comprend aussi l'accès au Little Museum of Dublin et une visite guidée à pied.

Luas Flexi Ticket (1/7 jours à partir de 7,30/16,50 €). Voyages illimités à bord du Luas. Le pass journée couvre toutes les zones ; le pass plusieurs jours de base se limite à une zone.

Rambler Pass (5/30 jours 33/165 €). Voyages illimités à bord des bus et du service Airlink, à l'exception de Nitelink.

Visitor Leap Card (1/3/7 jours 10/19,50/40 €). Voyages illimités à bord des bus, du Luas et du DART, y compris les bus Airlink, Nitelink et Xpresso.

- Les tarifs sont calculés selon la distance parcourue – nombre de zones (*stages*) traversées – : de 2,15 € (1 à 3 zones) à 3,30 € (plus de 13 zones).
- Les bus n'acceptent que le montant exact (prévoir de la petite monnaie) ou la **Leap Card** (www.leapcard.ie), disponible dans la plupart des kiosques ; elle permet de réaliser une économie de 20% par rapport au plein tarif.
- Les services nocturnes Nitelink (6,60 € ou 4,50 € avec une Leap Card) circulent toutes les 20 minutes de 0h30 à 4h30 depuis le centre-ville le vendredi et le samedi ; consultez www.dublinbus.ie pour le détail des itinéraires.

Voiture et moto

- Conduisez sur la voie de gauche, doublez par la droite ; sur les ronds-points, priorité à droite.
- La circulation est cauchemardesque en ville et les parkings horriblement chers.
- Le centre-ville ne comporte aucun parking gratuit en journée (de 7h à 19h du lundi

au samedi et de 14h à 18h le dimanche) mais de nombreux stationnements payants selon les zones : de 3,50 € l'heure en zone jaune (au centre) à 0,80 € en zone bleue (suburbaine).

- Les parkings couverts et surveillés coûtent environ 4 € l'heure, la plupart proposant un forfait moins onéreux en soirée.
- L'enlèvement des voitures mal garées est assorti d'une amende de 125 €.
- Le stationnement est gratuit du lundi au samedi après 19h et le dimanche avant 14h et après 18h, dans la plupart des zones à parcmètres (sauf indication contraire) et sur les emplacements avec une seule ligne jaune.
- Les principales agences sont présentes à l'aéroport et dans le centre-ville, notamment **Avis** (01-605 7501 ; avis.ie ; 35 Old Kilmainham Rd ; 9h-18h ; 13, 40, 123 depuis le centre-ville) ; **Budget** (01-837 9611 ; budget.ie ; 151 Lower Drumcondra Rd ; 9h-18h ; 1, 13, 44 depuis O'Connell St), **Europcar** (01-812 2800 ; europcar.ie ; 1 Mark St ; 8h-18h lun-ven, 8h30-15h sam, 9h-15h dim ; ts ceux du centre-ville), **Hertz** (01-709 3060 ; www.hertz.com ; 151 South Circular Rd ; 8h30-17h30 lun-ven, 9h-16h30 sam, 9h-15h30 dim ; 68A, 122, 150 depuis le centre-ville) et **Thrifty** (01-667 5028 ; www.thrifty.ie ; South Lotts Road ; 8h-17h lun-ven, 9h-16h sam-dim ; ts ceux du centre-ville).

Tramway

- Le réseau de tramway Luas (www.luas.ie) compte deux lignes : la verte (toutes les 5 à 15 minutes) relie Broombridge, rive nord, à Brides Glen au sud de la ville, en passant par O'Connell St, St Stephen's Green, Ranelagh, Dundrum et Sandyford ; la rouge (toutes les 20 minutes) relie Point Village à Tallaght et Saggart via les quais nord et Heuston Station.
- Il y a des billetteries automatiques à chaque arrêt, et vous pouvez aussi utiliser votre Leap Card (disponible dans la plupart des kiosques). Un trajet court (environ 4 arrêts) coûte 2, 80 €.
- Les tramways circulent de 5h30 à 0h30 du lundi au vendredi, de 6h30 à 0h30 le samedi et de 7h à 23h le dimanche.

Train

- Le **Dublin Area Rapid Transport** (DART ; 01-836 6222 ; www.irishrail.ie) permet de se rendre rapidement en train sur la côte, jusqu'à Howth au nord (environ 30 minutes) et jusqu'à Greystones au sud, dans le comté de Wicklow. La Pearse Station est pratique pour accéder au centre de Dublin, sur la rive sud de la Liffey, tandis que la gare de Connolly se trouve sur la rive nord.
- Il y a des trains toutes les 10 à 20 minutes (parfois plus souvent), de 6h30 environ à minuit, du lundi au samedi. Services moins fréquents le dimanche.
- Des lignes de trains de banlieue desservent des destinations aussi éloignées que Dundalk au nord, Mullingar dans

les terres et au-delà de Bray au sud

Taxi

- Tous les taxis démarrent avec un prix plancher de 3,80 € (4,20 € entre 20h et 8h), puis un coût de 1,14 €/0,40 € par km/minute (1,50 €/0,53 € entre 20h et 8h). D'autres frais viennent s'ajouter : 1 € pour chaque passager supplémentaire et 2 € pour les réservations par téléphone. Il n'y a pas de supplément pour les bagages.
- Vous pouvez héler un taxi dans la rue ou en trouver aux stations réparties dans la ville, notamment à l'angle d'Abbey St et O'Connell St, à College Green en face de Trinity College et à St Stephen's Green au bout de Grafton St.
- De nombreuses compagnies, comme **NXT** (01-888 8888 ; www.nxt.ie), répartissent leurs taxis par radio. Vous pouvez aussi essayer l'application Free Now (free-now.com/).

Infos pratiques

Argent

Les DAB sont très répandus en ville. Les cartes bancaires sont acceptées dans la plupart des restaurants, hôtels et commerces.

Cartes bancaires

Les cartes bancaires Visa et MasterCard sont largement acceptées à Dublin. Les petits commerces préfèrent les cartes de débit (et font payer une commission pour les paiements par carte de crédit). Presque toutes les cartes bancaires fonctionnent avec des puces et un code secret, et un nombre croissant d'établissements n'acceptent pas les cartes si vous n'avez pas le code secret.

Change

C'est dans les banques que les taux de change sont les plus avantageux, mais les bureaux de change restent souvent ouverts plus tard. Plusieurs banques pratiquant le change sont installées autour de College Green, en face de Trinity College.

Distributeurs automatiques de billets (DAB)

La plupart des DAB sont compatibles avec les systèmes internationaux comme Cirrus, Maestro ou Plus. Si vous vous trouvez en centre-ville un vendredi, il est vivement recommandé de retirer votre argent tôt le matin afin d'éviter les longues files d'attente qui se forment après 20h.

Faites des économies

Dans les restaurants, les formules à l'heure du déjeuner ainsi que les réductions sur les menus avant un spectacle permettent de profiter d'un bon repas, même parmi les meilleures adresses de la ville.

Pourboire

Hôtels Porteurs, 1 € par bagage.

Pubs Uniquement en cas de service à table, 1 € par tournée.

Restaurants 10 % à 15 % de la note.

Taxis 10 % ou somme arrondie à l'euro supérieur.

Cartes de réduction

Les seniors bénéficient de réductions dans les transports publics et les musées. Les étudiants et les moins de 26 ans profitent aussi de réductions sur présentation d'un justificatif. Les cartes de réduction les plus avantageuses sont les suivantes :

Dublin Pass (dublinpass.com ; tarif plein/5-15 ans 1 jour 70/37 €, 2 jours 86/49 €, 3 jours 99/58 €, 4 jours 109/64 €, 5 jours 117/67 €). Si vous comptez multiplier les visites, le Dublin Pass vous fera faire de belles économies. Il donne droit à l'entrée gratuite dans plus de 35 lieux (dont la Guinness Storehouse), et il permet de limiter l'attente dans les sites les plus fréquentés. Vous pouvez vous procurer le pass dans toutes les agences Discover Ireland Dublin Tourism Centre.

Heritage Card (heritageireland.ie/visit/heritage-card/ ; tarif plein/senior/enfant et étudiant/famille 40/30/10/90 €). Elle offre un accès gratuit à tous les sites de Dublin et des alentours gérés par l'Office of Public Works (OPW). En vente sur les sites OPW ou dans les agences Dublin Tourism.

Désagréments et dangers

Dublin est une des villes les plus sûres d'Europe, mais il faut bien sûr respecter les précautions d'usage.

- Le piratage des cartes bancaires lors du retrait d'argent dans un DAB reste un problème. Composez votre code dicrètement.
- Soyez vigilant à l'angle ouest de Thomas St (vers James St), des toxicomanes se trouvent parfois dans le secteur.
- Soyez prudent à l'extrémité nord de Gardiner St et dans tout le secteur nord-est de cette rue, connus pour leurs problèmes de délinquance.
- Ne laissez rien de

Un fil d'Ariane en voyage

Vous êtes ressortissant français ? Pensez à vous enregistrer sur le portail **Ariane** (pastel.diplomatie.gouv.fr/fildariane) du ministère des Affaires étrangères. Ce service gratuit vous permet de recevoir des alertes si la situation le justifie. Crise politique, catastrophe naturelle, attentat... recevez en temps réel des consignes de sécurité lors de votre voyage.

Il existe une application pour les Smartphones et les tablettes, intitulée *Conseils aux voyageurs*.

visible dans votre voiture lorsque vous stationnez.

Commissariats de police

St Patrick Cathedral (01-666 9400 ; Kevin St ; 24h/24 ; ts ceux du centre-ville).

Pearse Street (01-666 9000 ; Pearse St ; 24h/24 ; Harcourt).

Nord de la Liffey (01-666 8000 ; Store St ; 24h/24 ; Connolly) ainsi qu'à l'est de **Mountjoy Sq** (01-666 8600 ; Fitzgibbon St ; 24h/24 ; 7, 46A depuis le centre-ville).

Électricité

Type G
230 V/50 Hz

Formalités et visas

- Les citoyens européens n'ont pas besoin de visa pour séjourner en république d'Irlande. Les ressortissants du Canada et de la Suisse peuvent rester jusqu'à trois mois sans visa.
- Avant le départ, il est impératif de contacter les ambassades et les consulats pour s'assurer que les modalités d'entrée sur le territoire n'ont pas changé. Nous vous conseillons de scanner ou de photocopier tous vos documents importants (pages d'introduction de votre passeport, cartes de crédit, police d'assurance, billets de train/d'avion/de bus, permis de conduire, etc.). Conservez ces copies à part des originaux. Vous remplacerez ainsi plus aisément ces documents en cas de perte ou de vol.

Handicapés

- Le centre-ville de Dublin est compact, plutôt plat et bien desservi par les transports publics, avec seulement quelques secteurs pavés, ce qui en fait une destination plaisante pour les voyageurs à mobilité réduite. La plupart des stations du DART sont accessibles aux personnes handicapées. Il faut avertir les services du DART et des trains 24 heures à l'avance pour pouvoir y accéder en fauteuil roulant.Tous les bus sont accessibles en fauteuil roulant, mais les tramways Luas sont de loin les plus faciles d'accès.

Sites Internet

Ireland.com (www.ireland.com/en-us/help-and-advice/practical-information/accessibility/). Des informations à propos de l'accessibilité dans les transports et les sites touristiques.

Mobility Mojo (mobilitymojo.com). Base de données qui recense plus de 500 établissements adaptés.

Irish Wheelchair Association (01-818 6400 ; iwa.ie ; Áras Chúchulain, Blackheath Dr, Clontarf ; 9h-17h30 lun-ven). Association nationale.

L'**APF France handicap** (☎ 01 40 78 69 00 ; www.apf-francehandicap.org) peut fournir des informations utiles sur les voyages accessibles. **Yanous** (yanous.com), **Handicap.fr** (www.handicap.fr) et **Tourisme et Handicaps** (www.tourisme-handicaps.org) sont également de bonnes sources d'information. Désormais, les principales plateformes d'hébergement que sont **Abritel** (www.abritel.fr), **Airbnb** (www.airbnb.fr), **Booking** (www.booking.com) et **Hotels.com** (fr.hotels.com) ont intégré des critères d'accessibilité à leur moteur de recherche. **Mobee Travel** (www.mobeetravel.com) est une startup qui regroupe des hébergements accessibles et qui propose aussi des séjours sur mesure. Les agences de voyages **Yoola** (www.yoola.fr) et **Comptoir des voyages** (www.comptoir.fr) organisent des voyages adaptés aux personnes à mobilité réduite.

Heures d'ouverture

À Dublin, l'activité commence assez tard le matin et les heures d'ouverture classiques sont les suivantes :

Administrations 9h-17h lun-ven.

Banques 10h-16h lun-mer et ven, 10h-17h jeu.

Boutiques 9h30-18h lun-mer, ven et sam (9h30-20h jeu, jusqu'à 21h pour les grands centres commerciaux et les supermarchés), 12h-18h dim.

Poste 9h-18h lun-ven, 9h-13h sam.

Restaurants 12h-22h (ou minuit). Le service se termine vers 21h ; les restaurants servant un brunch ouvrent vers 11h.

Homosexualité

Dublin est une ville très tolérante avec la communauté homosexuelle. Être gay ou lesbienne passe complètement inaperçu et ces dernières années, les transsexuels sont de mieux en mieux acceptés. Toutefois, les personnes LGBTIQ+ peuvent encore être harcelées. En cas de problème, contactez la **Crime Victims Helpline** (☎ 116 006 ; 24h/24) ou la **Sexual Assault Investigation Unit** (www.garda.ie ; 24h/24).

Sites Internet :

Gay Men's Health Project (☎ 01-872 1055 ; www.hse.ie/go/GMHS).

National LGBT Federation (☎ 01-675 5025 ; www.nxf.ie ; 2 Upper Exchange St, Temple Bar ; ts ceux du centre-ville). Publie le mensuel *Gay Community News*.

Outhouse (☎ 01-873 4999; www.outhouse.ie ; 105 Capel St; 12h-17h lun-ven ; ts ceux du centre-ville). Le principal

Médias

Journaux *Irish Independent* (independent.ie), *Irish Times* (www.irishtimes.com), *Irish Examiner* (www.examiner.ie), *The Herald*.

Radios RTÉ Radio 1 (88-90MHz), RTÉ Radio 2 (90-92MHz), Today FM (100-101.8MHz), Newstalk 106-108 (106-108MHz).

centre de ressources de Dublin.

Jours fériés

Le Vendredi saint et Noël sont les deux seuls jours de l'année durant lesquels tous les pubs sont fermés. Pour les autres jours fériés (qui tombent pour la plupart un lundi), les banques et nombre de commerces sont fermés. Si la Saint-Patrick ou la St Stephen (Saint-Étienne) tombent un week-end, le lundi suivant est férié.

New Year's Day (jour de l'An) 1er janvier

St Patrick's Day 17 mars

Pâques (du Vendredi saint au lundi de Pâques) mars/avril

May holiday 1er mai

June holiday Premier lundi de juin

August holiday Premier lundi d'août

October holiday Dernier lundi d'octobre

Christmas Day (Noël) 25 décembre

St Stephen's Day 26 décembre

Offices du tourisme

- **Visit Dublin Centre** (☎ 1800 230 330 ; www.visitdublin.com ; 25 Suffolk St ; 9h-17h lun-sam ; ts ceux du centre-ville). Informations touristiques et service de réservations.

Téléphone

Téléphone portable

Il n'y a pas de frais d'itinérance pour les voyageurs européens. Les autres voyageurs doivent se renseigner sur les frais d'itinérance et s'assurer que leur portable est débloqué pour l'Irlande. Vous pouvez acheter une carte SIM prépayée, à partir de 20 €.

Indicatifs téléphoniques

- L'indicatif téléphonique de Dublin est le ☎ 01, que suit un numéro à 7 chiffres. L'indicatif n'est à composer que si on appelle depuis l'extérieur de la ville ou depuis un portable.
- Pour appeler à Dublin depuis l'étranger, composez le code d'accès international (☎ 00, ou ☎ 011 depuis le Canada), puis l'indicatif de l'Irlande (☎ 353) suivi de celui de Dublin (☎ 1) sans le 0 et du numéro à 7 chiffres de votre correspondant.
- Pour appeler l'étranger depuis Dublin, composez le ☎ 00, suivi de l'indicatif du pays (☎ 33 pour la France, ☎ 32 pour la Belgique, ☎ 41 pour la Suisse, ☎ 1 pour le Canada), puis le numéro de votre correspondant sans le 0 initial.

Toilettes

- Il n'y a pas de toilettes publiques dans les rues.
- Tous les centres commerciaux ont des toilettes. Sinon, vous pouvez vous rendre dans n'importe quel bar ou hôtel.

Urgences

Ambulance, pompiers, police (garda) ou gardes-côtes (Coastal Rescue)	☎ 999 ou 112
Rape Crisis Centre (SOS Viol)	☎ 1800 778 888

Langue

Tout le monde peut parler une langue étrangère, le tout est d'oser. Pour réserver une chambre, commander un plat ou engager la conversation, voici quelques phrases de base.

Mots/phrases utiles

Bonjour/salut.
Hello/hi. — *hè*·lo/haï

Au revoir.
Goodbye. — goud·*baï*

Excuse(z)-moi.
Excuse me. — ek·*skyouz* mi

Désolé(e).
Sorry. — *so*·ri

S'il vous (te) plaît.
Please. — pliiz

Merci.
Thank you. — *sank* you

Parlez-vous français ?
Do you speak french? — dou you spik *frènn*·ch

Comment allez-vous/vas-tu ?
How are you? — *hao* âr you

Bien, merci. Et vous/toi ?
Fine. And you? — faïnn annd *you*

Comment vous appelez-vous ?
What's your name? — wats your néïm

Je m'appelle...
My name is... — maï néïm iz...

Parlez-vous français ?
Do you speak French? — dou you spiik *frènch*

Je ne comprends pas.
I don't understand. — aï *dont* eunn·deur·*stand*

À table

Je voudrais... , s'il vous plaît.
I'd like..., please. — aïd *laïk*... pliiz

une table pour (deux)
a table for (two) — eu *téï*·beul for (tou)

ce plat
that dish — zat *dich*

L'addition, s'il vous plaît.
The bill, please. — zeu bil pliiz

Je suis végétarien(ne).
I am vegetarian. — aïm vèdjè·*teu*·rieunn

Santé !
Cheers! — tch*iirz*

Achats

Je cherche...
I'm looking for... — aïm *lou*·kiinng for...

Je ne fais que regarder.
I'm just looking. — aïm djeust *lou*·kinng

Combien est-ce que ça coûte ?
How much is it? — *hao* meutch iz it

C'est trop cher.
That's too expensive. — zats tou ex·*pènn*·siv

Pouvez-vous baisser le prix ?
Can you lower the price? — kann you lao·wèr zeu *praïs*

Hébergement

Où puis-je trouver un hôtel ?
Where's a hotel? — wèrz eu ho·*tèl*

Je voudrais réserver une chambre.
I'd like to book a room. — aïd laïk tou bouk eu *roum*

Je voudrais rester (deux) nuits.
I'd like to stay for (two) nights. — aïd laïk tou stéï for (*tou*) naïts

Quel est le prix par nuit/personne ?
How much is it per night/person? — *hao* meutch is it pèr naït/peur·sonn

J'ai une réservation.
I have a reservation. — aï hav eu rè·zèr·*véï*·cheunn

Transports et orientation

Où est... ?
Where's...? — wèrz...

Quelle est l'adresse ?
What's the adress? — wats zi a·*drès*

Pouvez-vous me montrer (sur la carte) ?
Can you show me (on the map)? — kann you *chô* mi (onn zeu *map*)

Un billet pour..., s'il vous plaît.
One ticket for..., please. — wann *ti*·kèt for... pliiz

À quelle heure part le bus/le train ?
What time does the bus/train leave? — wat taïm daz zeu beus/tréïn liiv

Je voudrais un taxi.
I'd like a taxi. — aïd laïk eu *tak*·si

Ce taxi est-il libre ?
Is this taxi free? — iz zis *tak*·si frii

Arrêtez-vous ici, s'il vous plaît.
Please stop here. — pliiz stop hiir

Date et heure

Quelle heure est-il ?
What time is it? — wat täim iz it

Il est 10h.
It's 10 o'clock (am/pm) — its (tènn) ok·lok (èï·èm/pi·èm)

matin	*morning*	*mor*·ninng
après-midi	*afternoon*	af·teu·*noun*
soir	*evening*	*iv*·ninng
hier	*yesterday*	yès·teu·dèï
aujourd'hui	*today*	tou·*dèï*
demain	*tomorrow*	tou·*mo*·ro
lundi	*Monday*	*monn*·dèï
mardi	*Tuesday*	*tyous*·dèï
mercredi	*Wednesday*	*wènns*·dèï
jeudi	*Thursday*	*seurz*·dèï
vendredi	*Friday*	*fraï*·dèï
samedi	*Saturday*	*sa*·teu·dèï
dimanche	*Sunday*	*seunn*·dèï

Urgences

Au secours !
Help! — hèlp

Allez-vous-en !
Go away! — go eu·*wéï*

Au feu !
Fire! — *faï*·eur

Faites attention !
Watch out! — watch a·*out*

Appelez un médecin !
Call a doctor! — kôl eu *dok*·teur

Appelez la police !
Call the police! — kôl zeu po·*liis*

Pourriez-vous m'aider, s'il vous plaît ?
Could you help me, please? — coud you *hèlp* mi pliiz

Pourrais-je utiliser le téléphone ?
Could I use the telephone — coud aï youz zeu *tè*·lè·ton?n

Je suis perdu(e).
I'm lost. — aïm lost

Je suis malade.
I'm sick. — aïm sik

Où sont les toilettes ?
Where's the bathroom? — wèrz zeu *bass*·roum

En coulisses

Vos réactions ?

Vos commentaires nous sont très précieux pour améliorer nos guides. Notre équipe lit vos lettres avec la plus grande attention et prend en compte vos remarques pour les prochaines mises à jour. Pour nous faire part de vos réactions, prendre connaissance de notre catalogue et vous abonner à notre newsletter, consultez notre site Internet : **www.lonelyplanet.fr**

Nous reprenons parfois des extraits de notre courrier pour les publier dans nos guides ou sites Web. Si vous ne souhaitez pas que vos commentaires soient repris ou que votre nom apparaisse, merci de nous le préciser. Notre politique en matière de confidentialité est disponible sur notre site Internet.

Un mot de l'auteur

Dublin évolue constamment et, pour réussir à tout mettre à jour, un cerveau et deux yeux ne suffisent pas. Merci à toutes les personnes qui m'ont aidé dans mes recherches : le bureau de Dublin, pour ses conseils, suggestions et recommandations ; Nicola et Brady, fins connaisseurs de bonnes adresses ; Cliff Wilkinson, éditeur au soutien indéfectible qui a su répondre à toutes mes questions.

Remerciements et crédits photographiques

Couverture : Le Temple Bar sur St Patrick's Day. Maurizio Rellini/ Sime / Photononstop ©

Photographies des pages 30-31 (de gauche à droite) : Popa Ioana Mirela ; Gabriela Insuratelu ; faithie / Shutterstock ©

À propos de cet ouvrage

Cette 5e édition française de *Dublin en quelques jours* est une traduction-adaptation de la 6e édition de *Pocket Dublin* mise à jour et rédigée par Fionn Davenport.

Traduction Lucie Marcusse

Direction éditoriale Didier Férat

Responsable éditorial Dominique Bovet

Responsable prépresse Jean-Noël Doan

Adaptation française Claire Chevanche

Maquette Gudrun Fricke

Cartographie Cartes originales de Mark Griffiths adaptées en français par Nicolas Chauveau.

Couverture Adaptée en français par Laure Wilmot

Merci à Dolorès Mora pour sa relecture attentive du guide.

Index

Voir aussi les index :

Se restaurer p. 161

Prendre un verre p. 161

Sortir p. 162

Shopping p. 162

Référence des **sites**
Référence des **cartes**

Référence des **sites**
Référence des **cartes**

Référence des **sites**
Référence des **cartes**

Notes

Notes

L'auteur

Fionn Davenport

Irlandais de naissance et de cœur, Fionn écrit depuis près de deux décennies sur son pays natal et sa voisine la plus proche, l'Angleterre, en particulier pour Lonely Planet. Il a vécu à Paris et à New York, où il a fait de multiples "petits boulots", tels que journaliste, acteur ou barman. À son retour en Irlande à la fin des années 1990, il s'est essayé à la radio, ce qui l'a amené à présenter une série d'émissions. Il anime actuellement le programme *Inside Culture* ainsi que la rubrique voyage dans l'émission du matin *O'Rourke Show*, sur RTE Radio 1. Il y a quelques années, il a déménagé à Manchester, où il vit avec sa femme, Laura. Il fait la navette avec Dublin qui ne se trouve qu'à 40 minutes en avion. Fionn poste les photos de ses voyages sur son compte Instagram @fionndavenport.

Dublin en quelques jours
5e édition

Traduit et adapté de l'ouvrage *Pocket Dublin, 6th edition, June 2022*

92 avenue de France - 75013 Paris

Dépôt légal Mai2022
ISBN 978-2-81619-556-9

Imprimé par L.E.G.O. Spa (Legatoria Editoriale Giovanni Olivotto), Italie

En Voyage Éditions | un département édi8